AF203420

Hundert Facetten der unerschöpflichen Themenvielfalt der Lebenskunst werden hier präsentiert. Das Leben in seiner alltäglichen Banalität kommt zum Vorschein, aber gerade durch seine unscheinbaren Nebenaspekte schimmern die großen Lebensfragen hindurch. Die Balance ist in diesem heillosen Durcheinander, das der Alltag ist, nicht im jeweiligen Moment zu finden, sehr wohl aber durch die Zeit hindurch, im endlosen Hin und Her der Gefühle, der Erfahrungen und Begegnungen.

Vom kleinen Glück der Erkältung, vom Blick in den Spiegel am Morgen, von einem Örtchen, an dem es sehr still ist, von der kulturellen Bedeutung des Wurstsalats, vom Trambahnfahren, von der Kunst des Pfeifens, vom Sinn des Schlittenfahrens, aber auch vom Novembertag am Grab und vielem mehr handeln diese kleinen Texte, die mit leichter Feder geschrieben sind, ursprünglich für die *Neue Zürcher Zeitung am Sonntag*. Menschlichkeit, Heiterkeit, Ironie und Selbstironie sind ihre Kennzeichen. Der Leser kann sich mit diesem Buch in die Nische eines Cafés zurückziehen und wird sich bei der Lektüre so köstlich amüsieren wie vermutlich der Autor schon beim Schreiben am selben Ort.

insel taschenbuch 3120
Wilhelm Schmid
Die Kunst der Balance

Wilhelm Schmid
Die Kunst der Balance

100 Facetten der Lebenskunst

Insel Verlag

Einbandillustration: René Magritte. Die klaren Ideen, 1958.
© VG Bild-Kunst, Bonn 2016

7. Auflage 2016

Erste Auflage 2005
insel taschenbuch 3120
Originalausgabe
© Insel Verlag Frankfurt am Main und Leipzig 2005
Alle Rechte vorbehalten, insbesondere das der Übersetzung,
des öffentlichen Vortrags sowie der Übertragung
durch Rundfunk und Fernsehen, auch einzelner Teile.
Kein Teil des Werkes darf in irgendeiner Form
(durch Fotografie, Mikrofilm oder andere Verfahren)
ohne schriftliche Genehmigung des Verlages reproduziert
oder unter Verwendung elektronischer Systeme
verarbeitet, vervielfältigt oder verbreitet werden.
Vertrieb durch den Suhrkamp Taschenbuch Verlag
Umschlag nach Entwürfen von Willy Fleckhaus
Satz: Satz-Offizin Hümmer GmbH, Waldbüttelbrunn
Druck: CPI – Ebner & Spiegel, Ulm
Printed in Germany
ISBN 978-3-458-34820-7

Inhaltsverzeichnis

Winterliche Welten: Vom Sinn des Schlittenfahrens 135

Vorwort

Besteht die Lebenskunst darin, sich das Leben leichter zu machen? Vielleicht, mehr noch aber darin, es sich schwerer zu machen. Wozu? Um es sich leichter zu machen. Kann der missliche Umweg nicht ausgelassen werden? Er kann, aber nur um den Preis, die Fülle des Lebens zu verfehlen. Deren Erfahrung scheint daran gebunden zu sein, Schwierigkeiten zu meistern und Herausforderungen zu bestehen.

Aber es kommt nicht so sehr darauf an, solchen Behauptungen zu folgen, eher darauf, das Leben selbst zu erproben und eigene Erfahrungen zu sammeln. Im Grunde ist Lebenskunst nämlich etwas sehr Einfaches: Das Leben zu leben und Erfahrungen zu machen. Und über die eine oder andere Erfahrung gelegentlich etwas nachzudenken. In dieser Bereitschaft zum Nachdenken liegt der *philosophische* Aspekt der Lebenskunst – und zugleich ihre mögliche Verfehlung, denn so gabeln sich die Wege: Manche denken wenig nach und blicken stets nur »nach vorn«, Fußballspieler zum Beispiel, mit dem Risiko, dieselben misslichen Erfahrungen immer wieder machen zu müssen. Andere können mit dem Nachdenken kaum noch aufhören, Philosophen zum Beispiel, mit der Gefahr, über all dem Grübeln das Eigentliche zu vergessen: eben zu leben und Erfahrungen zu machen. Irgendwo zwischen Philosoph und Fußballspieler ist der Lebenskünstler angesiedelt, der sich um eine bewusste Lebensführung bemüht, aber der Nachdenklichkeit allein nicht alles zutraut. Die größte Herausforderung der Lebenskunst besteht darin, in all dem Durcheinander gegensätzlicher und widersprüchlicher Erfahrungen eine Art von Balance zu finden und zu wahren. Lebenskunst ist die Kunst der Balance zwischen Angst und Unerschrockenheit, Beharrlichkeit und Beweglichkeit, Lust und Schmerz, Alleinsein und Zusammensein, Frieden und Krieg, Sinn und Sinnlosigkeit und so vielem mehr. Die Kunst der Balance zielt nicht darauf, die Polarität des Lebens aus der Welt zu schaffen, sondern sie von Grund auf anzuerkennen und mit dem Wechselspiel zwischen den Polen zu leben, und sei es nur in der inneren Haltung, die das »Positive« wie auch das »Negative« zu umgreifen sucht. Nicht dass es eine Norm wäre, die Balance wahren zu müssen. Aber sich auf die Suche nach ihr zu begeben eröffnet einen Weg des Lebens, der als erfüllend erfahren werden kann. Nicht dass in jedem Augenblick die Balance erfahrbar wäre, sehr wohl aber durch die Zeit hindurch, im endlosen Hin und Her der Gefühle, der Erfahrungen und Begegnungen.

Das Tagebuch eigener Versuche dazu sowie einiger Beobachtungen an anderen: Das ist dieses Buch. Als Anstrengung eines Jahres, in der Abfolge der Jahreszeiten erscheint die Suche nach einer Kunst der Balance in diesem Buch: nicht nur, weil eben einige jahreszeitliche Besonderheiten in die Feder geflossen sind, sondern auch, weil in der linearen Zeit der Moderne die Kunst der Balance eines zyklischen Elements bedarf, das nicht so ohne weiteres ins Wanken gerät, und dazu eignet sich besonders die Wahrnehmung der Jahreszeiten. Daher nun also, mit leisem Anklang an ein bekanntes Werk der Musikgeschichte, die »Vier Jahreszeiten« einer philosophischen Lebenskunst. Gepflegt wird damit zugleich die Aufmerksamkeit auf das »Kleinste und Alltäglichste«, wie Nietzsche sie in der *Fröhlichen Wissenschaft* denen ans Herz legte, die zu Dichtern ihres Lebens werden wollen; oder, wie er in *Menschliches, Allzumenschliches* formuliert: »Wir müssen wieder gute Nachbarn der nächsten Dinge werden und nicht so verächtlich wie bisher über sie hinweg nach Wolken und Nachtunholden hinblicken.« Denn nie in einem anonymen Sein, immer nur im individuellen Alltag ist das Leben fassbar und erfahrbar. Und gerade durch die scheinbar unscheinbaren Nebenaspekte des Lebens schimmern die großen Lebensfragen hindurch, auf deren endgültige Beantwortung der momentane Lebensvollzug ja doch nicht ewig warten kann.

Hundert Aspekte, hundert Facetten der unerschöpflichen Themenvielfalt der Lebenskunst werden hier präsentiert. Im imaginären Gespräch mit dem Leser sind diese kleinen Stücke entstanden, ursprünglich für die *Neue Zürcher Zeitung am Sonntag*, in der seit der ersten Ausgabe 2002 die Kolumne »Lebenskunst« als Bestandteil der »Gesellschaft« erscheint. Die ersten hundert Kolumnen, zwischen 2002 und 2004 publiziert, werden hier gesammelt präsentiert, in veränderter Reihenfolge und auf der Basis der jeweiligen Manuskriptfassung. Sie sind während der Arbeit an einem umfangreichen Buch entstanden, daher auch manche Überschneidung damit.* Einen Rückzugsort hat der Autor, einige Kolumnen verschweigen es nicht, so manches Mal im Café gefunden – nicht nur, um dem Klischeebild vom Lebenskünstler ordnungsgemäß zu entsprechen,

---

* Wilhelm Schmid, *Mit sich selbst befreundet sein. Von der Lebenskunst im Umgang mit sich selbst*, Bibliothek der Lebenskunst, Suhrkamp Verlag, Frankfurt a. M. 2004.

sondern auch, weil dieser Ort kreative Bedingungen bietet, die sich auf ideale Weise mit den Notwendigkeiten der Arbeit verbinden lassen, Ort eines kleinen Glücks. Vielleicht auch für den Leser, der sich mit diesem Buch in seine Nische des Lebens zurückzieht und in der Begegnung mit den Ideen eines anderen seinen eigenen Gedanken Raum gibt.

Frühlingsgefühle:
Anschwellende Adern

1 | Wohnen in Gewohnheit

Guten Morgen, gut geschlafen? Sind Sie gut aus dem Bett gekommen? Ah, Sie sind ein wenig liegen geblieben. Ich auch, aber das war ... schwierig, es war ein Experiment, und das kam so: Gerne wollte ich mal einen Tag ganz ohne Gewohnheiten verbringen. Denn Gewohnheiten sind lästig, sie halten uns vom wahren Leben ab, man muss sie hinterfragen, und was wäre einfacher, als sie kurzerhand abzuschaffen. Gewohnheiten sind von gestern, das ist ihre Natur; sie sind starr, während doch in der Moderne nur Flexibilität und Zukunft zählen. Endlich einmal, dachte ich, absolut modern sein, keine alten Hüte mehr, immer alles neu, jeden Tag.

Also machte ich den Sonntag zum ersten Tag der neuen Zeit. Vom Moment des Aufwachens an wollte ich über alles neu entscheiden. Das Problem war nur: Nun kam ich nicht mehr aus dem Bett. Ich überlegte hin und her: Soll ich aufstehen, warum, wofür, mit welchem Fuß, wann, und was dann? Das raubte mir den halben Morgen, und als ich endlich in der Vertikalen war, ging es weiter: Was sollte ich zubereiten, Tee oder Kaffee oder sonst etwas, denn das Gewohnte war ja ausgeschlossen, und als ich die Qual der Wahl wieder durchgestanden hatte, konnte ich mich nicht für eine bestimmte Tasse entscheiden, denn ich habe zwanzig verschiedene, und die eine, die ich so liebe, dass ich aus Versehen schon mal ein Stück davon abbiss, kam nicht in Frage, alles Gewohnheit, alles fragwürdig.

Kurzum, ich kam nicht weiter, ich musste kapitulieren. Und genau das erweist sich als Triumph der Philosophie, die immer danach fragt, was etwas eigentlich ist: Die Gewohnheit, so weiß ich nun, ist eigentlich eine Entlastung von der Entscheidung, die ansonsten pausenlos zu treffen wäre. Nur dadurch, dass ein großer Teil des Lebens wie von selbst abläuft, ohne weiteres Nachdenken, werden die Kräfte frei, sich mit dem Ungewohnten intensiver befassen zu können. Das ist der Sinn der Gewohnheit. Aber das ist noch nicht alles.

So richtig zu Hause bin ich nur dort, wo mir das Leben vertraut ist und wo ich mich geborgen fühle. In den eigenen vier Wänden? Nein, über die verfüge ich auch dort, wo ich fremd bin, etwa im Hotel. Das wahre Wohnen ist ein Wohnen in Gewohnheit. Gewohnheiten sind unverzichtbar, um sich das Leben einzurichten. Gewohnheitshalber sind sie zwar zuweilen auch zu überdenken und aufzubrechen, um eine Umstrukturierung vorzunehmen – die aber nur gelingen kann, wenn sie wiederum in Gewohnheiten niedergelegt wird. Rundum sollten wir ihnen dankbar sein, den Gewohnheiten, wir verdanken ihnen das Leben. So, und jetzt dürfen Sie sich gemütlich in Ihrer Sofaecke zurücklehnen, wie jeden Sonntagmorgen, und in der Zeitung weiter schmökern, ganz wie gewohnt. Ohne jedes schlechte Gewissen.

Haben Sie es schon gehört? Das Lied! Die Töne, so sauber und klar gesungen, reihen sich zauberhaft zu der Melodie, die die ahnungsvolle Melodie des Frühlings ist. So schön, so melancholisch! Wo das zu hören ist? Der Konzertsaal ist überall, der Eintritt ist frei. Die Bühne, von der herab gesungen wird, sind Dächer und Baumwipfel. Dort sitzt einsam die Amsel, und wir sind ihr Publikum.

Aus dem Klangteppich der wieder zum Leben erwachten Spatzen, Finken, Meisen heraus erhebt sich majestätisch die Stimme dieser Solistin unter den Vögeln. Vorzugsweise in den Abendstunden, wenn das lärmende Leben allmählich zur Ruhe kommt, oder früh am Morgen, wenn es noch ruhig ist, setzt der schwarze Vogel sich in Szene. Hoch oben thront er über den Niederungen des menschlichen Lebens. Den gelben Schnabel weit geöffnet, das Köpfchen zum Himmel gereckt, dringen die Töne aus voller Kehle weithin hörbar in die beginnende oder weichende Dämmerung.

Regen kann sie gar nicht beeindrucken, ganz im Gegenteil: Jetzt erst recht triumphiert sie singend über das Grau des Tages, charakteristisch einen vollen Ton vor den anderen setzend, einen Triller zwischendurch, ein Zwitschern. Auch baut sie gerne in ihr Lied ein, was sie in der Umgebung hört, und dies alles so variantenreich, dass schon ganze wissenschaftliche Arbeiten darüber geschrieben worden sind.

So viel schöpferische Musik ist bei den Musikern nicht ohne Antwort geblieben: Richard Strauß hat den Gesang der Amsel in den »Rosenkavalier« eingearbeitet. Cesar

Bresgen widmete ihr seine Komposition »Nachruf für eine Amsel«. John Lennon und Paul McCartney schrieben für sie den Song »Blackbird«: »Schwarzer Vogel flieg / Hinein ins Licht der dunklen schwarzen Nacht«. Und die Literaturgeschichte kennt die kleine Erzählung »Die Amsel« von Robert Musil: »Ich bin deine Amsel – sagte er –, kennst du mich nicht?«

»Die« Amsel ist in Wahrheit allerdings der Amselmann, ganz in Schwarz, während das Weibchen, in unscheinbares Braun gekleidet, nicht singt. »Sie« ist die Diva, ich bin ihr stiller Bewunderer. Ihr liege ich zu Füßen, jeden Frühling von Neuem, und ich glaube, sie weiß es und wartet schon auf mich, wenn ich des Weges komme. Dann halte ich inne für einen Moment und bin ganz Ohr für die volltönenden Klänge. Nur eine Angst werde ich nicht los: Dass dieses Lied eines Tages verstummen könnte.

3 | Am Anfang ist die Angst

Plötzlich, mitten auf dem Gehsteig, ergreift sie von mir Besitz, irgendwelche Angst, Lebensangst, Weltangst; ich weiß nicht recht, wie mir geschieht. Ein Loch tut sich in mir auf, die Welt um mich herum versinkt zum tristen Nichts. Als ich jemandem davon erzähle, reicht es beim einen zum verständnisvollen Nicken, ein anderer nimmt gleich Reißaus, die Angst ist »negativ«, sie »zieht herunter«. Angst macht einsam.

Und doch lasse ich sie gewähren, wenigstens für einige Zeit, genügen ihr ein paar Tage? Ich will sie nicht überspielen, nicht betäuben, sondern in mich aufnehmen und durchstehen. Denn die Angst, so beängstigend sie ist, erscheint mir wertvoll; ich kann ihr und mir Fragen stellen: Was ist es, das Angst macht; welche Zusammenhänge sind es, in mir selbst und in der Welt, in der ich lebe? Gibt es ein Leben ganz ohne Angst? Was ist Leben? Ich beginne nachzudenken, Informationen zu suchen, Gründe zu finden, Schlüsse zu ziehen, mit anderen darüber zu sprechen; immer weitere Kreise des Lebens kommen dabei ins Blickfeld. Damit aber bin ich mitten drin im Prozess der Bewusstwerdung, auf dem Weg zur bewussten Lebensführung, zur Lebenskunst.

Lebenskunst, das ist ein altes Thema der Philosophie, das neues Interesse auf sich zieht. Die akademische Philosophie der Moderne dachte, darauf verzichten zu können, verstand sich eher als Dienstleisterin der Wissenschaften. Und war es nicht der Traum der Moderne, mit Hilfe von Wissenschaft und darauf beruhender Technik alle Lebensprobleme zu lösen? Noch einmal wird dieser Traum mit Bezug auf die Gentechnologie geträumt, und zugleich ahnen viele schon das Resultat: Einiges wird wahr werden, vieles nicht, und manches wird zum Alptraum werden. Zuletzt werden die Individuen wieder auf sich selbst zurückgeworfen sein. Sie selbst sind es, die mit dem Leben überhaupt und nun auch mit den Folgen von Wissenschaft und Technik fertig werden müssen. Und sich ängstigen.

Angst ist, noch vor dem Staunen, der Anfang der Philosophie, des Innehaltens und Nachdenkens. Entscheidend ist, ob die Angst aufgenommen wird, um sich wieder auf das Leben zu besinnen und besser damit zurechtzukommen, seit jeher das Anliegen der philosophischen Lebenskunst, dieser anderen Art von Technik: *techne tou bíou* im Griechischen, *ars vitae, ars vivendi* im Lateinischen. An manches aus ihrer Tradition lässt sich anknüpfen, anderes ist neu auszuarbeiten, um Antworten auf die Herausforderungen der Zeit zu finden. Vor allem aber setzt Lebenskunst nicht schon einen fertig ausgebildeten Intellekt voraus. Man braucht dafür kein abgeschlossenes Hochschulstudium.

Die Angst ist, wenn sonst nichts, der Anfang der Lebenskunst, das Ende der Gleichgültigkeit gegenüber dem eigenen Leben. Zur Angst sind alle Menschen fähig, und sie kommt zu jedem auch ganz ungefragt. Angst um sich selbst, Angst um das eigene Leben, Angst um das Leben anderer: Die Angst lehrt, was Leben ist, und sie ist erstaunlich gerecht verteilt, erfasst Arme ebenso wie Reiche, diejenigen sogar besonders, die sich gegen alles abgesichert glauben. Und was ist mit denen, die in der Angst unterzugehen drohen? Sie bedürfen des Beistands derer, die die Angst kennen und eine Hilfestellung für andere als Bestandteil ihrer eigenen Lebenskunst verstehen. Ganz so, wie sie selbst die Hilfe anderer zu anderer Zeit gerne in Anspruch nehmen würden.

4 | Gestaltung des Gesichts

Lebenskunst? Sich und das eigene Leben selbst gestalten? Wie soll das möglich sein? Wie bei einem Bildhauer, meinte einst der Philosoph Epiktet im 1./2. Jahrhundert n. Chr. – Fragt sich nur, wer hier Bildhauer und wer Skulptur ist. Vielleicht ist »das Leben« selbst der Künstler, und Sie und ich, wir werden planvoll modelliert, mal zärtlich mit Gefühl für die feinen Züge, mal mit harten Schlägen. Ob das Leben wirklich ein Bildhauer ist, wissen wir nicht, aber zuweilen hinterlässt es diesen Eindruck. Nur so ist zu erklären, dass manche Gesichter fein geschnitten oder wie aus Stein gemeißelt erscheinen. Mit dem Handwerkszeug von Erfahrungen, Begegnungen, Sehnsüchten, Enttäuschungen, Schmerzen, Lüsten ist hart an ihnen gearbeitet worden.

Mit seiner plastischen Kraft vermag das Leben die Lippen zu schürzen zu einem vollen Mund oder zu begradigen zu einem feinen Strich. Es biegt die Mundwinkel lächelnd nach oben oder verdrießlich nach unten. Es hebt die Augenbrauen staunend hoch und lässt die Augenlider müde niedersinken. Fältchen und Falten zieht es über die Stirn und gräbt sie im Laufe der Zeit tief ein, je nach Häufigkeit des Gebrauchs der darunter verborgenen Muskeln. Unweigerlich wirken Gewohnheiten über längere Zeit gestaltend auf die äußere Erscheinung, insbesondere auf das Gesicht, die Mimik. Alles Leben zeichnet sich ab im Gesicht, in seiner Zerfurchtheit, auch die Abwesenheit von Leben in seiner Glätte.

Wo bleibt da die Lebenskunst? Sie besteht darin, sich bewusst vom Leben prägen zu lassen, statt dies – ohnehin vergeblich – zu vermeiden. Dieses Geschehenlassen ist jedoch nicht nur eine Passivität: Wir können selbst wählen, mit welchen Menschen wir besonders häufig Umgang pflegen, welche Begegnungen wir vorsätzlich suchen, um uns davon beeinflussen zu lassen. Wir können Situationen gezielt ansteuern, um Erfahrungen zu machen und uns davon gestalten zu lassen. So lassen wir das Leben arbeiten, und auf indirekte Weise werden wir nun doch zu Bildhauern unserer selbst und gestalten unser Gesicht auf verschwiegene Weise, ganz ohne Schminke, Schönheitschirurgie, Gentechnologie oder Klonexperimente. Viele wollen von der Verantwortung für diese Arbeit nichts wissen. Aber wäre es nicht reizvoll, sich für das eigene Gesicht ein wenig verantwortlich zu fühlen? Den »Rest« erledigt das Leben.

5 | Askese üben

Sollen wir, Sie und ich, die anstehende Fastenzeit ausnahmsweise mal ernst nehmen? Also fasten? Aber ist das nicht das Relikt einer vergangenen Zeit, etwas für streng gläubige Menschen? Es könnte auch eine Frage der Gesundheit sein. Irgendwann muss doch all das auch wieder raus, was wir auf die eine oder andere Art in uns »reingefressen« haben. Das Schwerste daran ist der Entschluss dazu. Er fällt leichter in Kombination mit einer, nun ja, Darmvorsorgeuntersuchung, mit dem Fasten gleichsam als Nebenprodukt. Und unter ärztlicher Aufsicht, womit das moderne Sicherheitsbedürfnis befriedigt ist.

Dann der »Entlastungstag«: Nach dem Frühstück nur noch ein leichtes Mittagessen, am Abend eine klare Brühe. Schon am Nachmittag macht sich der Hunger bemerkbar, verbunden mit Tagträumen von großen Kuchenportionen. Die Knie werden weich, Hände und Füße kalt, der Kreislauf schaltet auf »Sparbetrieb« um. Das Hungergefühl ist nur durch riesige Mengen an Flüssigkeit zu stillen. Nie zuvor habe ich so viele Nuancen des Geschmacks von Wasser, Tee und Säften wahrgenommen. Und stündlich weicht der Druck auf den Hosenbund.

Am Tag darauf fühle ich mich körperlich schwach, seelisch unwohl, geistig benommen. Radiogeplärr kann ich nicht mehr ertragen. Alles geht nun deutlich langsamer. Am dritten Tag kommt mir beim Aufstehen ein alter Popsong in den Sinn: »You make me feel brandnew«. Aber es ist noch zu früh dafür. Der Tag gehört der Darmentleerung, und die hat es in sich: Vielleicht hätte ich mir besser eine Gasmaske kaufen sollen, aber eine solche Empfehlung war in keinem der Bücher übers Fasten zu lesen. So schwarz wie das, was meinen Körper verlässt, sind auch meine Gefühle.

Immerhin ist das der Wendepunkt, von da an wird alles leicht. Beglückend ist die Erfahrung, zum Leben nichts weiter zu brauchen als einiges an Flüssigkeit. Die Askese ist eine Übung in der Überwindung seiner selbst, die unglaublich gut tut, wenn sie durchgestanden ist. »Askese zu üben« heißt letztlich, das Üben zu üben. Einmal erlernt, lässt es sich dann auf vieles anwenden. Und werde ich es wieder tun? Auf jeden Fall, schon nächstes Jahr. Aber, um ehrlich zu sein: Ein bisschen freudlos ist es schon, das Leben so ganz ohne Essen. Ein Fest mache ich daraus, sobald die Fastenwoche zu Ende geht. Vielleicht genügt es ja einstweilen, an die Entbehrung auch nur zu denken, um dankbar für jedes Essen zu sein.

Hin und her fliegt der Ball. Kommen Sie, lassen Sie sich herauslocken aus der Wohnung, lassen Sie sich verführen vom frischen Grün da draußen. Wer jetzt am Schreibtisch sitzen bleibt, hat kein Herz. Nur ein wenig Ball spielen miteinander, Fußball, Handball, Federball, nur eine Stunde. Kaum ist der Körper in Bewegung gesetzt, macht es sogar Spaß, und schon ist kein Ende mehr zu finden. Zu spannend ist es, wenn ein Ball einfach nur hin und her gespielt wird. Haben Sie das jemals schon genau beobachtet?

Sie zu mir, ich zu Ihnen: Eine kleine Übung. Wir üben uns darin, auf unvorhergesehene Situationen zu reagieren. Diese Situationen erzeugt einer für den anderen, manchmal in voller Absicht, manchmal nur per Zufall: Der Ball nimmt eine Richtung, die überraschend ist. Es gibt erreichbare Bälle, die sich ohne Mühe zurückspielen lassen. Oder schwer erreichbare, die nur mit einem beherzten Sprung noch einzuholen sind. Oder aber unerreichbare, für die sich keinerlei Anstrengung mehr lohnt. Im Bruchteil einer Sekunde muss ich wissen, mit welchem Typus ich es zu tun habe. Ist es nicht ähnlich im Leben? Ist nicht unentwegt zu unterscheiden, wofür ein Einsatz sich lohnt oder was ganz im Gegenteil rasch »abgehakt« werden kann?

Standardsituationen lassen sich einüben. Durch die stete Übung einer Reihe von Bewegungen verfeinert sich die Technik, und wir lassen den Ball gekonnter fliegen. Die Gewöhnung verlangt nach kreativen Variationen. Tricks kommen ins Spiel, etwa mit einer Körperbewegung anzudeuten, dass der Ball in diese Richtung fliegen wird, während er in Wahrheit jene nimmt. Wäre es nicht besser, sich zu disziplinieren und den Ball immer genau zuzuspielen? Gesagt, getan. Aber nun wird das Spiel langweilig, alles ist völlig berechenbar, man könnte auch Automaten aufstellen, die Pingpong miteinander spielen. Es hat also doch Sinn, sich gegenseitig das Leben ein wenig schwerer zu machen: Die Spannung wächst.

Jeder will gewinnen. Am Ende hat einer verloren. Aber ihm bleibt ein Trost: Auch im Leben ist es unmöglich, immer nur Sieger zu sein. Der Verlierer hat den Vorteil, sich schon mal in Enttäuschung geübt zu haben und nicht, wie der Sieger, früher oder später vom Leben »auf dem linken Fuß erwischt« zu werden. Im Spiel fürs Leben lernen: Das ist allemal einen verspielten Nachmittag wert.

7 | Vom kleinen Glück der Erkältung

Plötzlich kratzt es im Hals. Und während ich noch denke, es seien die Krümel vom Abendbrot, ist es für jede Gegenwehr schon zu spät. Natürlich »passt« es nicht. Nicht jetzt. Ich habe Pläne, Termine, alles unaufschiebbar. Aber es gibt keine Verhandlungsbasis mit Viren, und die Widerstandskräfte lassen rasch nach. Fürs Erste obsiegt die Schwerkraft, die mich nach unten aufs Lager zieht.

So sieht die Demütigung des souveränen Subjekts aus: Von bellendem Husten wird es geknickt. Die Lunge, die tagein, tagaus still und ohne zu murren ihren Dienst tut, bringt pfeifend zu Bewusstsein, wie anfällig sie ist. Jedes Geräusch sticht wie mit Pfeilen in den Kopf und bleibt dort stecken. Erste Gedanken ans Ende drängen sich vor:

So wird es wohl aussehen, die Seele werde ich mir aus dem Leib keuchen, und sogar noch froh werde ich sein können, wenn das Leben zu Ende geht, da es doch nur Leiden ist, nur Passion!

Auf beunruhigende Weise weitet das Darniederliegen den Blick, das Leiden wird universalisiert: Was ist das Leben wert, wenn es so leicht verfallen kann – nicht nur das eigene Leben, sondern das Leben überhaupt? Was ist Menschsein, wenn es dermaßen verletzlich ist, auf Schritt und Tritt von Krankheit und Tod bedroht? Wozu eigentlich leben, wenn hinter jeder Freude das Leid schon lauert?

Dann der erste süße Genesungsschlaf, und alles ist anders. Kaum ist der malträtierte Kopf wieder eines anderen Gedankens fähig, macht sich eine neue Freude breit, jenseits des Leides, unbändiger als je zuvor. Ein gereinigtes Gefühl durchzieht Körper, Seele und Geist, das muss die *katharsis*, die Reinigung, sein: Alles fühlt sich an wie neu, jeder Schritt, jeder Blick. Welche Frische mit jedem Atemzug, als hätte nicht nur die Lunge, sondern der ganze Mensch neuen Atem geschöpft!

Bin ich etwa aus diesem Grund niedergezwungen worden aufs Lager? Nur eine Erkältung, ein grippaler Infekt, und ich fühle mich, als sei mir das Leben neu geschenkt. Aus der Passion wächst nicht nur das Leiden, sondern auch die Leidenschaft. Den anderen, »negativen« Pol des Lebens für einen Moment touchiert zu haben gibt dem Leben alle Spannkraft zurück. Schiene es nicht deplatziert, käme mir noch in den Sinn, »Danke« dafür zu sagen. So genieße ich nur still den Augenblick, bevor das kleine Glück wieder vom Alltag aufgesogen wird.

Eine mit zartem Grün üppig behangene Trauerweide be-
schirmt den Gehweg. Ein Rotkehlchen hüpft von Zweig
zu Zweig. Tauben gurren. Hyazinthen, Akazien, Kame-
lien, Veilchen, Rhododendren, Magnolien, Osterglocken
und Narzissen: Der Frühling blüht, nur die mächtigen
Platanen stehen noch kahl da – imperiale Inszenierung
der Natur im Königlichen Botanischen Garten, mitten in
Madrid, an der Seite des Prado, dieser imperialen Inszenierung der Kunst.

Am Sonntagmorgen wandert der Besucher fast allein die
labyrinthischen und zugleich streng geometrischen Wege
entlang. Das Meeresrauschen des Verkehrs all derer, die
sich nicht primär für Gärten interessieren, umbrandet
die glückselige Insel. Mit den Blumen blüht die Seele auf
und findet Sinn schon in der Sinnlichkeit. Ein paar
Schritte neben den Palmen plätschert ein Brunnen still
vor sich hin. Ein Spatz kümmert sich nicht um die Mah-
nung, das Wasser nicht zu trinken.

Hier in der Morgensonne kann ich die Gedanken ganz
sich selbst überlassen. Aus Lust und Laune haken sie sich
an dieser einzigen Frage fest: Wo ist eigentlich die Mitte
der Welt? Ist sie hier? Aber zu Hause im Norden Europas ist die Mitte ebenfalls »hier«, und mein momentaner
Ort liegt dann »da unten« am Rande Europas. Aus meiner jetzigen Sicht »am Rande« wiederum sieht die Welt
ganz anders aus, der innere Blick schweift über Landschaf-
ten voller Weite und Schönheit und reicht übers Meer in
die gesamte spanischsprachige Welt, deren Mitte hier zu
finden ist, die imposanten imperialen Gebäude künden

davon, die großzügigen Gesten, die Gespräche der Menschen.

Mit jeder Veränderung des Ortes organisiert sich offenkundig der Blick auf die Welt neu. Überall dort, wo »hier« ist, ist die Mitte der Welt. Plötzlich überkommt den Reisenden die Erkenntnis, dies könnte an allen Orten der Welt so sein. Und wie kommt es, dass die Mitte in derselben Weise wandert, wie ich mich bewege? Es gibt nur eine mögliche Erklärung: Ich selbst bin die Mitte der Welt, und genau dies teile ich mit jedem anderen Ich auf diesem Planeten; im Maß der eigenen Bewegung verschiebt sich mit der wandernden Mitte auch die Perspektive auf die Welt. Die beste Brücke zu anderen wäre dann: sich vorzustellen, wie die Welt aus ihrer Perspektive aussieht. Mit dieser Einsicht mache ich mich schließlich wieder auf den Weg, hinaus aus dem Garten, zurück in die lärmende Menschenwelt. Woher kommt es nur, dass all die Blumen plötzlich so nachsichtig zu lächeln scheinen?

9 | Dem Absurden begegnen

Wo im Tagesprogramm ist heute Platz für mich selbst? Zwei, drei Stunden am späten Nachmittag, beschließe ich, gehören mir allein. Nur mal wieder ins Museum. Absichtslos schlendere ich zwischen den vielen Bildern umher, fühle mich geborgen zwischen den gemalten Welten. Ein Bild aber zieht meinen Blick magisch an: Ein surreales Gemälde im unteren Geschoß des Prado in Madrid. Nein, nicht der üppige »Garten der Lüste«, sondern »Die Versuchungen des Heiligen Antonius«. Nein, nicht das be-

Die Versuchungen des heiligen Antonius
Kopie nach Hieronymus Bosch
(Museo del Prado, Bestandskatalog,
Madrid 1985, Nr. 2913)

rühmte Exemplar von Hieronymus Bosch (ca. 1450-1516), sondern ein unscheinbares, benachbartes Bild, eine »Kopie nach Hieronymus Bosch«.

Ein Mönch in brauner Kutte brütet da vor sich hin, keineswegs meditativ in sich gekehrt, vielmehr gebannt und höchst interessiert, die betenden Hände weisen auf einen blassen Apfel. Angesichts welcher Szene! Seitlich von ihm droht ein Haus in einem See zu versinken, mit einem weiß umhüllten, streng zu ihm herüber blickenden menschlichen Antlitz anstelle eines Giebels, ein Vogelhäuschen anstatt eines Hutes auf dem Kopf. Den Himmel durchschwirren Vögel und ein fliegender Fisch, auf dem eine Mönchskutte mit Rattenschwanz sitzt; oder ist es der verkleidete Tod mit Sense, eine Eule auf dem Haupt? Und insektenartige menschliche Gestalten regnen vom Himmel herab in ein aufloderndes Feuer, ein brennendes Gebäude direkt hinter dem Haupt des Antonius. Greise Gestalten, in Mönchskutten gehüllt, auf Stöcke gestützt, eilen ebenerdig dem Feuer zu.

Eine Frau bittet Antonius mit einladender, wenngleich scheuer Geste in das untergehende Haus. Um mit ihr noch ein Bad zu nehmen? Bathseba? Aber Antonius ist gewarnt: Auf dem Weg zu ihr ertrinkt gerade einer in der Sintflut, und das kleine Segelboot, das als Arche bereitsteht, sieht so gebrechlich aus, dass ihm nicht zu trauen ist. Was aber symbolisiert die leuchtend rote Fahne mit dem weißen Schwan, die seitlich am wankenden Haus gehisst worden ist? Und was soll der Mann in der Mönchskutte, der ganz offenkundig, kein Zweifel, ganz am Rande auf diese Szene sch …? Ja, es gibt gute Gründe für den Blick des Antonius, der sich im gebannten Blick des Betrachters verdoppelt.

Was aber soll das alles bedeuten? Und sei es nur dies: das Denken aus den Angeln zu heben, den Horizont des Normalen aufzureißen, wenigstens für einen Moment. Die Begegnung mit dem Absurden erhöht das Denkvermögen. Eine kleine Übung im Knüpfen von Zusammenhängen, möglichen und unmöglichen; eine Anregung, hirnphysiologisch gesprochen, zur Synapsenbildung; managementtechnisch ein Zuwachs an »Problemlösungskompetenz«. Und lebenskünstlerisch? Einfach ein schöner Nachmittag.

Haben Sie heute schon gelacht? Macht nichts, kann ja mal vorkommen. Der, dem es passiert, wird allerdings gerne für »heiter« gehalten, da er doch offenkundig so fröhlich ist. Aber Heiterkeit ist nicht dasselbe wie Fröhlichkeit, auch wenn diese zuweilen ihre Ausdrucksform ist. Fröhlichkeit ist ein Affekt, Heiterkeit jedoch eine geistige Haltung. Nicht dass die Fröhlichkeit verwerflich wäre, sie ist jedoch nur der eine Pol des Lebens, dessen anderer die Traurigkeit ist. Zwischen diesen Polen bewegt sich das »symmetrische Leben«, das die Heiterkeit charakterisiert.

Den Menschen, so sagte Demokrit schon im 5. Jahrhundert v. Chr., entstehe Heiterkeit aus einem »Leben im Gleichmaß«. Heiterkeit ist somit die Kunst der Balance – Balance zwischen den verschiedensten Seiten des Lebens, auch zwischen dem so genannten Positiven und Negativen, zwischen dem Zuviel und Zuwenig in allen Dingen. Das aber lässt sich kaum im jeweiligen Moment erreichen, eher durch die Zeiten des Lebens hindurch, nicht synchron, sondern diachron. Es ist das Subjekt der Heiterkeit, das die unterschiedlichsten Erfahrungen in sich aufgehoben weiß; vor allem aber weiß es darum, dass die Abgründigkeit des Lebens nicht einzuebnen ist. Konsequenterweise steht die Heiterkeit der Melancholie nicht fern, jedenfalls steht sie ihr nicht entgegen, da sie deren abgründige Erfahrung nicht bezweifelt, nur andere Konsequenzen daraus zieht: Anders als das melancholische Selbst, vertraut das heitere Subjekt auf die Erfahrung der Geborgenheit in aller Abgründigkeit.

Die Äußerungsform der Heiterkeit aber ist nicht so sehr das Lachen, das dem Affekt der Fröhlichkeit zugehört, sondern das Lächeln. Das Lächeln ist vielleicht kaum wahrnehmbar, wahrnehmbar ist lediglich das nicht umwölkte Gesicht, das seit jeher als Ausdruck der Heiterkeit gilt. Mit seinem Lächeln stellt das Subjekt seine Souveränität unter Beweis, die es beim Lachen oder Weinen kaum aufrechtzuerhalten vermag. Während beim Lachen ein aufwallender Affekt das Gesicht mit einem plötzlichen Ausbruch willkürlich zu zerreißen scheint, reguliert das Subjekt beim Lächeln seinen mimischen Ausdruck selbst sehr nuanciert. Heute also – wenn schon kein Lachen, so doch wenigstens ein Lächeln. Nur der Übung halber, der Einübung in die Heiterkeit.

Tirilirilirili – nein, es ist nicht der Frühling, die Vögel sind noch nicht ins Café umgezogen. Es ist nur ein Handy, das in irgendeiner Tasche steckt, aber in welcher? Der Besitzer sitzt vermutlich auf dem Klo und will nicht von seinem Handy gestört werden. Umso mehr gestört fühlt sich der Rest der Gäste, alle Augen suchen nach dem Übeltäter. Hektisch werden die eigenen Handys irgendwo hervorgezerrt, bei der Gelegenheit kann man ja gleich noch mit raschem Tastendruck die neuesten Kurzbotschaften abrufen.

Nicht nur im Café, überall sieht man Menschen wild nach ihren Geräten kramen und versonnen damit spielen. Unwichtig, mit wem sie gerade zusammen sind: Fernbeziehungen haben klaren Vorrang vor Nahbeziehungen. Nicht nur zu Hause, wenn mal das Telefon klingelt, sondern auf Schritt und Tritt. Schon lange wundert sich niemand mehr über merkwürdige Menschen, die an einer Straßenecke stehen oder über den Gehsteig schlendern, scheinbar ins Selbstgespräch vertieft. Bei näherem Hinsehen haben sie alle was am Ohr.

Um Selbstgespräche handelt es sich dennoch, denn es scheint relativ egal zu sein, mit wem sie gerade sprechen, der Inhalt der Gespräche ist immer derselbe: »Ich bin jetzt in Höhe der Buntstraße, du weißt schon, bei diesem Geschäft, in dem ich immer die Socken kaufe.« »Gerade fährt der Zug in den Bahnhof ein, wo stehst du denn?« »Du, Schatz, in fünf Minuten bin ich da.« Wenn man sich fragt, was das Wesentliche all dieser Aussagen ist, dann doch deutlich dies: sich in Raum und Zeit der eigenen Existenz zu vergewissern, die im modernen Umfeld leicht in Frage stehen kann.

Keineswegs beschränken sich die Gespräche auf die Feststellung, wo man in diesem einzigartigen Moment geht und steht. Vielmehr sind sie ein Anlass für den Austausch weiterer Wichtigkeiten, die offenbar keinerlei Aufschub dulden. Unwillkürlich stellt sich die Frage, was die Gesprächspartner sich noch zu sagen haben, wenn sie sich gleich wirklich und leibhaftig sehen werden. Aber die Antwort ist ganz einfach: Nichts. Sie werden daher gleich wieder mit anderen Menschen zu telefonieren beginnen, von deren körperlicher Präsenz sie sich nicht gestört fühlen müssen . . .

Ist das nun die neue Lebenskunst? Wenn es denn sein muss. Eine andere, noch neuere Lebenskunst bestünde darin, auf dieses Spiel bewusst zu verzichten. Ältere Spiele ließen sich wieder entdecken. Sich in die Augen zu sehen, zum Beispiel. Einziges Risiko: Ein Tirilirilirili kann dabei leicht überhört werden.

12 | Immer die Macht

Der Chef hat Sie neulich mal schief angesehen. Zu Hause hat eine Tür geknallt. In der Gemeinde streiten sich ganz erbittert zwei Parteien. In der Landespolitik ist mit Macht ein Gesetz durchgedrückt worden. Ein großer Staat droht einem kleinen mit Intervention: Anschwellende Adern der anderen Art, mitten im Frühling. Allgegenwart der Macht: Ist sie ein fester Bestandteil des Lebens? Muss mit ihr immer gerechnet werden? Gibt es kein Leben ohne Macht?

Gewiss ist nur, dass alle Versuche, sie abzuschaffen, bisher gescheitert sind. Das muss an ihrem Wesen liegen. Was ist das eigentlich, »Macht«? Offenkundig hat sie etwas Berauschendes an sich, das sich unweigerlich einstellt und dem noch schwerer zu widerstehen ist als dem Berauschenden aus anderen Quellen. Diese berauschende Wirkung lässt sich durchaus erklären: Macht ist die Erfahrung einer Erweiterung des Selbst. Je nach Reichweite erfasst ein Mensch einen anderen, eine Gruppe, Tausende oder gar Millionen von Menschen, auf deren Leben Einfluss genommen werden kann.

Dem, der Macht hat, vermittelt sie einen umfassenden Sinn: Er sitzt wie die Spinne im Zentrum eines ganzen Netzes von Zusammenhängen. Viele Beziehungen gehen von ihm aus und laufen auf ihn zu. Vieles kann er bewirken. Das gibt ihm ein Gefühl der Fülle. Macht stellt geradezu die Erfahrung einer Transzendenz dar, im Sinne des Wortes: Sie hat »überschreitenden« Charakter, sie überschreitet die tödliche Enge und Begrenztheit des Selbst zugunsten einer Weite und Unbegrenztheit, die unendlich und unsterblich erscheint.

Daher auch das berüchtigte »Kleben« an der Macht, denn abseits der Macht droht ein Abgrund an Sinnlosigkeit. Es gibt also sehr gute Gründe dafür, warum Menschen, die die Macht kennen gelernt haben, von ihr nicht mehr lassen können: Ihre Existenz im weiten Raum steht auf dem Spiel. Die Rückkehr in das enge Verlies des Lebens ohne diese Fülle, ohne die Weite der Macht, erscheint ihnen gleichbedeutend mit dem Tod.

Vielleicht wäre dies eine Aufgabe der Lebenskunst: sich mit der Macht eingehender zu befassen. Nicht nur mit der von anderen, sondern auch mit der eigenen. Jeder Mensch übt eine gewisse Macht aus, auch Sie und ich. Nur dort, wo eine Mäßigung des inneren Machtspiels zustande kommt, lässt sich erwarten, dass auch das äußere Machtspiel besser ausbalanciert werden kann. Die höchste Macht, das wäre: Macht über die Macht zu gewinnen, die einzig mögliche Supermacht. Aber das scheint sehr schwer zu sein, für einzelne Menschen genauso wie für ganze Staaten.

13 | Reiner Zufall

Zufälligerweise fiel mir gerade eben die Anzeige in die Augen, dass heute abend einer meiner alten Lieblingsfilme wieder im Kino gezeigt wird. Keine Frage, die bisherige Planung für den Abend ist Makulatur, ich gehe ins Kino. Was aber wird sich aus dem Zufall ergeben? Vielleicht komme ich auf ganz neue Gedanken. Vielleicht kommt es zu einer unvorhergesehenen Begegnung. Vielleicht entgehe ich einem Unfall, oder ich entgehe ihm gerade deswegen nicht, weil ich ins Kino gehe. Der Zufall ist ein Einschnitt ins Leben mit unabsehbaren Folgen. Aber besteht nicht das ganze Leben aus einer Kette von Zufällen? Steckt dahinter ein bestimmter »Sinn«?

Seit jeher bereiten Zufälle den Menschen Schwierigkeiten. Sie sorgen dafür, dass vieles im Leben nicht geplant und nicht gewählt werden kann, sondern eben so kommt, wie es sich ergibt. Und doch ist auch hier eine Wahl im Spiel, denn wir selbst entscheiden darüber, ob wir Zufälle gewähren lassen, ob wir sie uns sogar zunutze machen oder aber sie abzuweisen versuchen. Ausschließen können wir sie nicht, aber wir können uns öffnen und aus Zufällen Versuche und Experimente machen, an die auch nur zu denken uns die Kreativität gefehlt hätte. Oder wir können uns verschließen, dürfen uns dann aber nicht wundern, wenn sich in der Folge die Möglichkeiten des Lebens reduzieren. Wenn wir alles dem Zufall anvertrauen, gibt es keinerlei Gewissheit mehr, nur noch Überraschungen, die zu bewältigen sind. Wenn wir uns völlig gegen ihn abschotten, gibt es keine Überraschung mehr, nur noch Gewissheit, die früher oder später in Langeweile endet.

Die interessanteste Frage aber ist zweifellos, ob Zufälle »Sinn haben«. Für eine Antwort bedürften wir eines universellen Überblicks über alles, was geschieht, eines Blicks über sämtliche Zusammenhänge. Nur einer ist dazu fähig, falls es ihn gibt: Gott. Wir dagegen müssen uns mit der Beobachtung bescheiden, dass Zufälle sich oft aneinanderreihen, als folgten sie einem geheimen »Masterplan«. Schon zwei, drei von ihnen können sich wechselseitig aufschaukeln und eine Eigendynamik gewinnen, der im Guten wie im Schlechten kaum etwas entgegenzusetzen ist. Das lässt sich beobachten, beweisen lässt sich nichts. Was uns bleibt, ist lediglich, einen Sinn anzunehmen, der uns plausibel erscheint: Darin besteht die Lebenskunst. Das mildert die Einsicht, dass wir im Grunde ahnungslos sind.

Kennen Sie einen Film, den Sie mal sahen und der sich in Ihr Gedächtnis eingebrannt hat? Für mich ist es dieser eine von 1982, der noch heute vor meinen Augen abläuft: Er trägt den merkwürdigen Namen »Koyaanisqatsi« – in der Sprache der Hopi-Indianer wird damit ein Leben ohne Balance bezeichnet, das nach einem anderen Leben verlangt. Grandiose Naturaufnahmen werden da gezeigt, ewig erscheinende Gesteinsformationen, die in Jahrhunderttausenden verwittern. Unendliche Wüsten, die nichts sind als Raum und die allein vom Wind durchquert werden, von der stummen Dramatik des Wolkenzugs und der steten Veränderung des Lichts. Von Menschen zeugen nur Spuren in Form von Felszeichnungen.

Dann bricht eine gewaltige Maschine in diese Welt ein, frisst die Erde und verarbeitet sie für Fabriken, die ihrerseits den Raum der archaischen Landschaft fressen. Mit zerstörerischer Schönheit steigt ein Atompilz hoch in den Himmel über der Wüste. Im Schatten riesiger Kraftwerke liegen die Menschen ungerührt am Strand. Von Maschinen werden sie durch die Luft transportiert. Ihr Lebensrhythmus ist der geregelte Verkehr im Zeittakt der Autobahnen. Die Maschinen werden multipliziert, der Zeittakt intensiviert. Neuer Raum wird außerhalb der Erde im Kosmos erschlossen.

Die Lichtspiele des Wolkenzugs huschen nun über die Gebirge der Großstädte, in denen die Menschen sich neue Wüsten schaffen, trostloser als die natürlichen. Und von Zeit zu Zeit zerstören die Menschen ihr eigenes Werk und jagen es in die Luft, Haus für Haus fällt nieder zu

Staub. In dieser Welt rennen die Menschen pausenlos durcheinander, sie fluten und überfluten die Räume, durchzucken in Sekundenschnelle die Räume mit ihren Lichtern wie Blitze. Im Sekundentakt werden Würste hergestellt und im Sekundentakt verschlungen, und die Menschen tanzen um ihre Maschinen herum wie ums Goldene Kalb.

Erschreckend und zugleich von überwältigender Ästhetik ist dieses Leben in der modernen Zeit, die den archaischen Raum verschlingt, ihn aber nicht vergessen macht. Die Angst vor dem großen Knall, nach dem es wieder sehr still sein wird, greift um sich, Genre: »Essayistischer Film«, USA 1982, Regie: Godfrey Reggio. Mit einem eindrucksvollen Soundtrack von Philip Glass. Man verlässt das Kino wie betäubt und hat Mühe, ins moderne Leben zurückzukehren. Warum nur kommt mir dieser Film ausgerechnet jetzt wieder ins Gedächtnis?

15 | Kampf der Kulturen?

Was geschieht in der Welt? Was geht um uns herum vor? Unablässig deuten und interpretieren wir das Geschehen. Das ist Bestandteil der Lebenskunst, denn es gibt kein Leben gänzlich abseits davon. Wir müssen ausfindig machen, was ein äußeres Geschehen für uns bedeuten kann, um unsere innere Haltung dazu festzulegen. Keine dieser Deutungen kann »die Wahrheit« für sich allein beanspruchen. Entscheidend ist, was einleuchtend erscheint, um die Welt, in der wir leben, besser zu verstehen.

Was also geschieht? Es hat den Anschein, als würden zwei

Welten aufeinander prallen. Lange Zeit haben sie sich auseinander entwickelt, ohne dass es recht bemerkt worden wäre. Nur sehr vordergründig handelt es sich dabei um die Welten von »Abendland« und »Morgenland«. Was tiefer liegt und uns wohl noch lange in Atem halten wird, ist der Konflikt zweier Kulturen, die rund um den Planeten, aber auch innerhalb einzelner Länder, ja innerhalb vieler Menschen selbst zu existieren scheinen. Beide Kulturen wissen sich vollständig im Recht, die »Zivilisation« ist jeweils auf ihrer Seite.

Die eine lässt sich als »Kultur des Raumes« bezeichnen, charakterisiert durch die Beharrungskraft von Menschen und Dingen an ihrem jeweiligen Ort. Die ruhige, statische Beharrung vermittelt den Menschen Sicherheit und Geborgenheit, da alles immer schon so war, wie es ist, und nie anders sein wird. In dieser Kontinuität liegt für sie das Leben. Geprägt ist dieses Leben von gewachsenen, festen Beziehungen, von denen die einzelnen Menschen gehalten werden von der Wiege bis zur Bahre. Sie sind fest eingebunden in Gemeinschaften, die freilich nicht von Freiheit bestimmt sind, sondern vom Zwang einer Tradition, Religion oder politischen Herrschaft, aber viele der Betroffenen stören sich nicht daran.

Die Zeit, und folglich die Veränderung, spielt keine große Rolle in dieser Welt. Durchaus kennt auch die Kultur des Raumes eine Zeit, aber es ist eher eine zyklische Zeit, geprägt von feststehenden Ritualen – eine ganz andere Auffassung im Unterschied zum Zeitpfeil der modernen Welt. Dieses beharrliche Leben prägt bei weitem nicht nur islamische Länder, sondern vier Fünftel des Planeten, und selbst moderne Länder bergen dieses Leben zum Teil noch in sich. Wie aber lässt sich die andere Kultur benennen? Und wohin gehören wir selbst?

16 | Vom Leben in der Zeit

Haben Sie heute schon einen Blick auf die Uhr geworfen? Können Sie sich eine Kultur vorstellen, in der Menschen diesen Blick gar nicht kennen? Das wäre eine Kultur, in der die genaue Zeitmessung keine große Rolle spielt: eine Kultur des Raumes. Die Mehrzahl der Menschen auf diesem Planeten lebt so. Vorzugsweise in dessen nordwestlicher Ecke herrscht dagegen die Kultur der Zeit, auch »Moderne« genannt.

Im Unterschied zur Kultur des Raumes ist die Kultur der Zeit eine dynamische Kultur. Nichts und niemand bleibt am angestammten Ort. Das Leben ist sehr stark geprägt von wechselhaften Beziehungen zwischen den Menschen, in denen die Freiheit jedes Einzelnen zum Ausdruck kommt. Die Freiheit lässt sich bis zum Exzess steigern, treibt aber auch grenzenlose Einsamkeit und Verlorenheit hervor. Anstelle von Gemeinschaft gibt es nur noch eine lose zusammengefügte Gesellschaft.

Während Geduld eine der auffälligsten Eigenschaften in einer Kultur des Raumes ist, dominiert in der Kultur der Zeit die große Ungeduld. Der Unaufgeregtheit in einer Kultur des Raumes steht die übergroße Aufgeregtheit in der Kultur der Zeit gegenüber, in der es immer um »etwas Neues« geht. Anstelle von Beharrung zählt nur die ständige Veränderung. Über allem steht die Bewegung als Selbstzweck, alle Beharrlichkeit wird vernichtet. Genau das ist es, wovor viele in der Kultur des Raumes sich fürchten. Die Kultur der Zeit empfinden sie als tödliche Bedrohung für ihr Leben.

Was geschieht, wenn die beiden Kulturen aufeinander stoßen? Vielleicht ist es das, was wir in zunehmendem Maße erleben, und jeder Terrorakt, jeder Krieg ist ein weiterer Akt in diesem Drama. Das Auseinanderklaffen zwischen westlicher und östlicher Welt könnte Teil des Konflikts der Kulturen von Zeit und Raum sein. Es führt zum wirklichen Zusammenprall zweier Planeten auf diesem einen, als könnten nicht beide zugleich Bürger des Planeten sein. Beide fühlen sich jeweils in ihrer Existenz bedroht, und so kommt es zu ersten Szenen eines Weltbürgerkriegs. Kurzfristig gibt es keine Lösung, die unmittelbaren Affekte lassen sich wohl kaum davon abhalten, aufeinander einzuschlagen. Was aber ist, wenn dies nur begrenzt wirksam ist, wenn also die Angst der Kulturen voreinander, ihr Unverständnis füreinander sich nicht einfach »zur Strecke bringen« lässt?

17 | Inseln des Anderen

Was tun, wenn es zu Hause Streit gibt? Das ist nicht einfach zu beantworten, und so verhält es sich auch außer Haus. Probleme in den Beziehungen zwischen Menschen in der Gesellschaft, ja zwischen ganzen Kulturen unterscheiden sich wohl nicht wesentlich von denen, die wir von zu Hause kennen. Wenn es Streit gibt, brauchen wir noch andere Lösungsversuche als Stuhlbein und Messer oder Militärtechnik.

Etwa »Hermeneutik«. Das ist die Kunst der Deutung und des Gesprächs. Ein Versuch, den Anderen zu verstehen. Kein Beharren auf der alleinigen Richtigkeit der eigenen Sichtweise. Wünschenswert wäre natürlich, dass dies wechselseitig möglich wäre, aber im Zweifelsfall muss eine Seite damit den Anfang machen. Ein erster Schritt dazu ist, sich über das Eigene klarer zu werden, das dem Anderen offensichtlich Probleme bereitet.

Für die Kultur, in der wir leben, könnte das bedeuten, einige ihrer Erscheinungsformen selbst auf den Prüfstand zu stellen. Denn einiges an der modernen Kultur der Zeit kann problematisch erscheinen: Dass diese Zeit so schnell ist, dass nicht mal moderne Menschen selbst noch hinterherkommen. Dass sie so wenig bekümmert ist um ihre Auswirkungen auf die Kreisläufe der Natur. Dass der ökonomischen Vernunft mehr Bedeutung zugemessen wird als anderen Vernünften. Dass religiöse Fragen etwas voreilig für erledigt gehalten werden. Dass die Beziehungen zwischen Menschen in solchem Ausmaß zerbrechen, dass jedes gesellschaftliche Zusammenleben davon unterminiert wird. Und dies zugunsten eines »Glücks«, das regelmäßig ins Unglück führt.

Eine Veränderung von Denk- und Lebensweisen kann nicht von oben herab verordnet werden. Sie ist eine Angelegenheit einzelner Individuen, die Inseln des Anderen bilden. Sie und ich, wir sind nicht nur Produkte dieser Zeit, sondern die Art, in der wir leben, wirkt auch auf sie zurück. Lebenskunst hat von Grund auf diese Reichweite. Mit aller Vorsicht angesichts der Ungewissheit, was eigentlich »richtig« wäre, bedeutet dies ein eigenes Bemühen um das richtige Leben. Längerfristig könnte auf diese Weise eine gemäßigte, andere Moderne entstehen, die eher wieder in der Lage wäre, Brücken zu angeblich »zurückgebliebenen« Kulturen zu schlagen. Eine erträgliche Moderne, das wäre eine Wohltat. Nicht nur für andere, auch für uns selbst.

18 | Warum Krieg?

Das Essen schmeckt nicht mehr. Betrinken könnte ich mich. Kapitulation schon mit Beginn der Kampfhandlungen: Das ist alles, was von Lebenskunst angesichts des Krieges übrig bleibt. Hilflosigkeit angesichts des Einsatzes roher Gewalt. Vorweg ließ sich noch dagegen ankämpfen. Jetzt ist es wie mit schwerer Krankheit: Das nackte Leben tritt hervor, alles andere wird unwichtig. Die Angst wird übermächtig, denn Krieg ist unkalkulierbar, sei er nah oder fern. Alles steht auf dem Spiel, und es gibt keinen Ort absoluter Sicherheit.

Eine einzige Frage dominiert das Denken: Warum Krieg? Nicht, dass es an Versuchen gefehlt hätte, Gründe für diesen Krieg ins Feld zu führen. In einen grundlosen Krieg zieht keiner. Aber auffällig war, dass die Gründe ständig wechselten. Das konnte nur bedeuten, dass es keine zwingenden Gründe gibt. Oder dass die wahren Gründe nicht offen ausgesprochen werden konnten. Vielleicht aber auch, dass die Verantwortlichen ihre heimlichen Gründe selbst nicht recht kannten.

»Warum Krieg?« Das war schon die Frage Sigmund Freuds in einem Brief von 1932 an Albert Einstein. Der sorgte sich zu dieser Zeit um Möglichkeiten, »das Verhängnis des Krieges von den Menschen abzuwehren«. Freud war pessimistisch angesichts der vielen Gründe, die zum Krieg führen, und fügte noch den »Destruktionstrieb« hinzu, den abschaffen zu wollen wohl vergeblich sei. Lediglich eine Möglichkeit, ihn aufzufangen, fiel ihm ein: »Alles, was die Kulturentwicklung fördert, arbeitet auch gegen den Krieg.«

Nun aber der Krieg zwischen Kulturen. Krieg um Öl. Krieg gegen einen Despoten. Krieg für Demokratie. Und der wahre Grund? Vielleicht Krieg um des Krieges willen. Krieg, um der fundamentalen Widersprüchlichkeit des Lebens Rechnung zu tragen, die nicht nur Frieden, sondern auch Krieg, nicht nur Freude, sondern auch Leid, nicht nur Schöpfung, sondern auch Zerstörung kennt. Darf man das denken? Werden Menschen nie andere Möglichkeiten finden, die Widersprüchlichkeit auszuleben? Wie sähe eine Lebenskunst aus, die diese Widersprüche auf andere Weise leben ließe?

Aber das sind nur Versuche, Antworten auf die Frage nach dem »Warum« zu finden, Antworten, die sinnvoll sein könnten. Vielleicht ist die Suche nach Sinn das einzige, was angesichts des Krieges auf zivilisierte Weise der Verzweiflung Ausdruck verleihen kann.

Was ist Krieg? Ein fernes Geschehen? Aber was so massiv die künftigen Bedingungen des eigenen Lebens beeinflusst, kann nicht fern sein. Ein solcher Krieg kann nicht rein äußerlich sein. Er reicht ins Innere jedes Einzelnen hinein, mitten in mir wird er geführt, in meinem Denken und Fühlen.

Embedded, »eingebettet«, das wird zum Schlüsselwort dieses Krieges: Die in die kämpfenden Einheiten »eingebetteten« Journalisten vermitteln Bilder, die meine eigene »Eingebettetheit« befördern. Aus dem fahrenden Panzer heraus blicke ich auf eine Landschaft, die vom Mars zu sein scheint. Die Angst, in jedem Moment getroffen werden zu können, lässt mich alles, was geschieht, wie in Zeitlupe wahrnehmen. Im Dämmerzustand wähne ich mich im Wüstensand, aber es ist nur das eigene Bett. Eine Rakete steigt imposant empor. Aber wo kommt sie an? Bei dem kleinen Jungen, der jetzt verletzt da liegt und weint? Empört schreit sein Vater in die Kamera: »Wo ist eure Humanität, eure Moral!«

Die Bilder geben gegensätzliche Wahrheiten wieder. Bomben und Granaten von widersprüchlichen Gefühlen und Argumenten gehen mitten in mir hoch und zerreißen mich. In mir stehen sich die Fronten der Meinungen feindlich gegenüber: Der Genugtuung über den Kampf gegen einen Despoten widerspricht das Erschrecken über jeden einzelnen Toten und Verwundeten. Die Hoffnung auf das Ende einer terroristischen Bedrohung wird zunichte in der Befürchtung, dass damit eine neue, selbstherrliche Weltherrschaft entsteht.

Wo Krieg ist, verdichtet sich Geschichte. Gewöhnlich verbirgt sie sich hinter den Wänden von Konferenzzentren, schleppt sich in endlosen Diskussionen zäh dahin, geht in den Mühen des Alltags gänzlich unter. Jetzt geschieht sie in weithin sichtbarer und spektakulärer Form, prekär von Stunde zu Stunde, von Tag zu Tag. Alle Augen richten sich auf sie. Beide Formen von Geschichte können Menschenleben kosten, aber im ersteren Fall wird dies nie so recht bewusst, nur im Fall des Krieges springt es mich unabweisbar an.

Es ist nicht sehr zweifelhaft, wer in diesem Krieg den Sieg davonträgt. Aber sehr zweifelhaft, was danach kommt. Im individuellen Leben wie in der großen Geschichte sind Siege immer wieder Pyrrhus-Siege: Sie befördern etwas, was nicht in der Absicht des Siegenden lag. Was wird es wohl dieses Mal sein?

20 | Der künftige Krieg

Angenehm rieselt das Wasser aus dem Duschkopf über mich hinab. Aber sofort schießt mir wieder dieser eine Gedanke durch den Kopf: Die, die im Krieg sind, müssen solche Genüsse bitter entbehren, auf Schritt und Tritt bedroht vom Tod. Und wofür? Ganz neuartig sollte dieser Krieg sein, neue Waffen sollten ihn rasch beenden. Und doch zeigt er wieder nur die alte hässliche Fratze: Blut und Tod. Und wofür?

Dafür vielleicht, dass eine neue Gegenbewegung entsteht: Hat man je so viele so junge Menschen rund um den Planeten auf der Straße gesehen? Sie sind in dem Alter, in dem der Widerspruch zwischen salbungsvoller Moral und jämmerlicher Realität noch weh tut. Sie ertragen die Fratze des Krieges auf diesem Planeten nicht mehr, geleitet vom sicheren Gespür, dass es die Fratze eines vergangenen Jahrhunderts ist. Ihre Waffe ist die bloße physische Präsenz zu Hunderttausenden, sie durchschlägt dicke Mauern der Ignoranz, stört empfindlich die moralische Selbstgewissheit derer, die glauben, diesen Krieg führen zu müssen. Einziger Preis: Auch die Gegenbewegung wähnt die Moral allein auf ihrer Seite.

Berlin, Paris, Bern, Rom, Madrid, London, Washington, New York, Sydney, Djakarta, Seoul, Bangladesh: Was da entsteht, geht über gelegentliche Demonstrationen gegen ein Weltwirtschaftsforum weit hinaus. Eine sehr junge Generation denkt und fühlt und agiert gemeinsam, rund um den Planeten, und erfährt eine politische Prägung für lange Zeit. Im Moment ihrer Geburt treibt die neue Weltherrschaft, die sich abzeichnet, unfreiwillig bereits ihren zivilen Widerpart hervor: die jugendlichen Anfänge der neuen Weltgesellschaft. Erahnbar wird der künftige Krieg der Weltgesellschaft gegen die Anmaßungen der neuen Weltherrschaft, und man kann nur hoffen, dass er auf zivile Weise ausgetragen werden wird.

Das Entstehen der Weltgesellschaft, wenn es denn wahr wird: Das wäre etwas Neues unter der Sonne. Es wird befördert von vielen Einzelnen, die sich als Weltbürger verstehen und die ihr Engagement als Bestandteil ihrer Lebensgestaltung wahrnehmen. Jeder Einzelne beteiligt sich daran in eigener Verantwortung und nimmt seine Sorge um sich zugleich als eine Sorge um die Welt wahr. Ungeduldige wollen sofort Resultate sehen. Aber die muss man nicht *ad hoc* erwarten. Es wird noch reichlich Gelegenheit zum Üben geben.

21 | In der Katastrophe leben

Von ferne nehmen wir, Sie und ich, das Geschehen wahr. Wir halten uns, bei allem Mitgefühl, auf Distanz. Das ist eine mögliche Haltung der Lebenskunst angesichts des Krieges, an dem wir anders als zuschauend nicht beteiligt sind. Es gibt aber noch andere Haltungen, weniger schonend für das Individuum.

Da ist beispielsweise ein englischer Arzt, Jonathan Kaplan, aufgewachsen in Südafrika, Chirurg an einem Spital in London, 49 Jahre alt. Er bleibt dem Krieg nicht fern, er geht mitten hinein. Jedes Mal, auch dieses Mal, und wieder, wie schon 1991, im Nordirak. Der Krieg ist nicht nur schwarz und weiß. Er treibt bunte und geradezu exotische Blüten hervor. Kaplan ist ein Mensch, der sich ein Leben ohne Katastrophe nicht recht vorstellen kann.

Welche Gründe kann er dafür haben? Humanitäre Gründe, zweifellos: Er will Leben retten, Verletzungen heilen, Menschen in Not beistehen. Aber er macht noch andere Gründe geltend, und die haben mit ihm selbst und seiner Lebensauffassung zu tun. Er will es sich nicht gemütlich machen in seiner Wohnung, sondern dorthin gehen, wo von Grund auf alles in Frage steht, und dies um des Lebens willen: »In dem Chaos komme ich zu kraftvollen Einsichten über das Leben.«

Die Unruhe, die ihn zu Hause umtreibt, wird mitten im Chaos zur Ruhe. Angst hat er nicht vor dem Tod, den er oft genug schon vor sich gesehen hat, Angst hat er vor dem Alltag in seiner Eintönigkeit, die für ihn nicht Leben ist. Verzweiflung packt ihn angesichts der Leere im gewöhnlichen Leben, wenn längst absehbar ist, in welchen Bahnen es verlaufen wird. Erst dort, wo das eigene Leben in Gefahr ist, gewinnt es die Intensität, die süchtig machen kann. »Katastrophen-Existenzialismus« nennt er dieses Leben selbst, das er in seinem Buch »Notversorgung« (Berlin 2003) beschreibt.

Es ist ein Leben, in dem der Zufall sehr viel Raum einnimmt, oft mit bitteren Konsequenzen: »Man hat nie alles im Griff.« Vieles muss improvisiert werden, die zur Verfügung stehenden Mittel spotten jeder Beschreibung. Es ist ein Leben der »Symbiose« mit dem Leiden, wie Kaplan selbst sagt. In der Konfrontation mit dem Leiden sortieren sich die Wichtigkeiten des Lebens neu: »Es ist ein unvergleichlicher Ansturm von Klarheit.« Auch ein solches Gesicht zeigt die Fülle des Lebens, die als Glück empfunden werden kann.

22 | Schallendes Gelächter

So habe ich Sie ja noch nie gesehen: Mund und Augen weit aufgerissen, alle Gesichtszüge verzerrt! Was ist geschehen? Ah, Sie lachen. Darf man jetzt lachen? Ausgerechnet jetzt?

Keine Frage, eine Atempause im beklemmenden Ernst des Lebens und der Welt tut Not. Aber seien Sie vorsichtig: Das Lachen kann ernstliche Folgen für Ihre Verfassung haben, denn schließlich »platzt man vor Lachen«. Es ist eine Krankheit, man »lacht sich krank«. Es ist fast so etwas wie eine Epilepsie: Man »schüttelt sich vor Lachen« und hat einen »Lachkrampf«. Wie gut, dass das Lachgas, das der Anästhesie dient, nicht wirklich lachen macht: Es könnte tödlich sein. So viel zur pathologischen Bestandsaufnahme.

Aber Lachen ist nicht gleich Lachen. Der Gourmet weiß eine ganze Anzahl von Varianten zu unterscheiden. Es kann freudig, aber auch verzweifelt sein. Mit Sarkasmus durchsetzt nennt man es das »böse Lachen«, eine Erinnerung daran, was Lachen einstmals war, wenn man urgeschichtlichen Herleitungen glauben darf: eine Form von Grausamkeit. Da ist ferner das höhnische, spöttische Lachen, das Lachen der Kritik. Oder auch das befreite Lachen, das eine große Spannung mit einem Mal in nichts zerstieben lässt. Nicht zu vergessen das klassische Lachen, das sich einfach nur dem Humor verdankt.

Es gibt das Lachen des Wahnsinns, dessen Grund man nicht recht kennt. Und das infantile Lachen, das nicht unbedingt das Lachen des Kindes ist, sondern einer Verlegenheit entspringt. Und schließlich ist das Lachen ein gesellschaftliches Phänomen, ja es gilt sogar als krankhaft, nur allein für sich zu lachen. Das Lachen kann Gemeinschaft zwischen Menschen stiften: Im Lachen erkennen sich die Freunde und finden zueinander. Umgekehrt kann jedoch auch das Band zwischen ihnen zerschnitten werden, wenn der eine stets nur über den anderen lacht statt mit ihm.

Das Lachen kommt aus dem ganzen Leib – »aus vollem Herzen«, wie man so sagt. Kurz bevor es an einer bestimmten Stelle des Kopfes austritt, von unartikulierten Geräuschen begleitet, streift es ganz beiläufig das Gehirn. Wenn es dann draußen ist, wirkt es ansteckend. Seine gesteigerte Form aber ist die Bereitschaft, über sich selbst zu lachen. Sollte es eine Haltung der Weisheit geben, dann ist es wohl diese. Wir alle erscheinen ihrer bedürftig. Nur so entgehen wir der Gefahr, allzu oberflächlich zu lachen.

23 | Boden gewinnen

Sind Sie am Boden? Ganz unten? Sogar am Boden zerstört? Warten Sie, ich komme runter zu Ihnen. Denn das soll heute unsere gemeinsame Übung fürs Leben sein: den Boden genauer kennen zu lernen. Der Schwerkraft nachzugeben statt ihr zu entfliehen.

Nur für fünf Minuten, vielleicht garniert mit ein wenig Gymnastik für die Rückenmuskulatur, mit täglicher Wiederholung, wenn es Ihnen gefällt. Wer liegt, nicht im Bett, sondern ganz unten, wird ein anderer. Von unten herauf statt von oben herab zu blicken, verändert die Perspektive gänzlich. Kindheitserinnerungen werden wach. Das Wohlgefühl der Erde breitet sich in uns aus. Immer wollen alle »oben sein«. Dabei kommt es eher darauf an, sich mit dem Untensein vertraut zu machen, das ohnehin gelegentlich auf uns zukommt, uns nun jedoch nicht mehr überwältigen kann. Wir haben wieder Bodenhaftung.

Ganz unten zu sein, sich dem Boden anzuschmiegen, das reduziert die Ängste vor dem Stürzen und Fallen, die sich aus dem krampfhaften Kampf gegen die Schwerkraft ergeben. Erholung von der Vertikalen ist in der Horizontalen zu finden, der bevorzugten Ebene der Liebe und der Zärtlichkeit. Es ist auch die Ebene des Scheiterns, das nun jedoch seinen Schrecken verliert, da eine neue Gewissheit zu erfahren ist: nicht weiter fallen zu können. Die Erfahrung nimmt uns die Angst davor, dass das Leben uns niederwerfen könnte. Und letztlich ist dies auch die Ebene des Todes, und die körperliche Übung wird zur Einübung in den Gedanken an den Tod.

So ist der Boden wieder zu spüren, aber noch ein anderer Boden ist gemeint: »Spannen Sie mal Ihren Beckenboden an!«, verlangt die Physiotherapeutin, die die Bodenübung anleitet, und mit leerem Blick schauen wir zurück: Becken? Boden? Eine Wesenheit dieses Namens ist uns noch nie begegnet. »Männer!« stöhnt sie nur. Eine Abkürzung für: keine Ahnung von den wesentlichen Dingen des Lebens. Und sie erklärt uns geduldig, wie wichtig dieser Boden ist, um die von oben herabdrückenden Organe nicht »durchsacken« zu lassen und das Zwerchfell, diesen »Zwischenboden«, zu entlasten. Ein »durchhängender« Beckenboden begünstigt Schwierigkeiten bei der Harn- und Darmentleerung. Würdigen wir also den Boden in uns und den Boden unter uns; üben wir uns folgsam Tag für Tag. Fortan soll unser Leben Sinn darin finden, doppelten Boden zu gewinnen.

Die Frühlingssonne bricht durch die Fenster herein. Straßenbahnen rumpeln unentwegt vorbei, schwere Tatrabahnen, die den Boden erzittern lassen. Der Verkehr tobt, aber wie ein Fels in der Brandung trotzt ihm das Café Slavia mitten in Prag. Schon ganz andere Fluten hat es überlebt, wenn auch mit kleinen Atempausen, wie etwa in den neunziger Jahren des 20. Jahrhunderts. Viele Kaffeehäuser verschwanden in dieser Zeit, noch viel mehr sind danach wiedergekehrt.

Wollen Sie einen Kuchen bestellen? Sie müssen sich nur die Nummer des süßen Stücks in der Auslage am Eingang merken, der Kellner bringt es Ihnen sofort. Beim Blick auf die Moldau können Sie es genießen, der robuste Kaffee bildet einen markanten Kontrast dazu. Sie können den Blick umherschweifen lassen: Ein Mann im T-Shirt, der die Schuhe ausgezogen hat, studiert gedankenverloren lange Zahlenkolonnen in einem Buch. Eine ältere Dame am anderen Ende desselben Tisches isst hingebungsvoll ihren Schweinebraten mit Blaukraut und Knödeln. Auf einem weiteren Tisch räkelt sich eine ätherische Schöne ganz in Grün – halt, das ist nur ein Ölgemälde an der Wand; aber hier würde man sich über gar nichts wundern.

Nach wie vor ist dies die Halle des Volkes, ein Ort des bunten Lebens. Eine reale blonde Schönheit unterhält sich angeregt mit ihrer Oma, zwischendurch tippt sie eine Kurzbotschaft in ihr Handy. Aber dort am Fenster: Ist das nicht Madeleine Albright, die ehemalige amerikanische Außenministerin? Jedenfalls ihre volkstümliche Ausgabe. An der Wand prangen Fotos von Hillary Clinton auf Staatsbesuch im Café Slavia, während ihr Mann mit Václav Havel auf der Burg konferiert, die von hier aus gut sichtbar die andere Seite der Moldau prachtvoll dominiert.

Menschen aller Herkünfte begegnen sich hier, und Sie und ich, wir gehören einfach dazu, auch wenn das Café ausweislich der Zeitungen, die gelesen werden, mehrheitlich in tschechischer Hand ist. Stunde um Stunde sitzen alle da, von Hektik keine Spur. Zwei Männer, denen über dem Disput die Zigarren ausgegangen sind, erhalten neues Feuer vom Kellner. Nur das Modegetränk aus alten Zeiten, der Absinth, von dem das Gemälde mit der grünen Dame an der Wand noch kündet, ist ein anderes geworden: *Mineralwasser*. Ganz schön nüchtern, das neue Europa. Da soll es an uns Alteuropäern nicht fehlen: Herr Ober, bitte noch ein Wasser!

25 | Frühlingsgefühle

Ich fühle sie in mir aufsteigen, die Säfte. Fühlen Sie es auch? Was immer in der Welt sonst noch geschehen mag, sorry, hier ist jetzt Frühling. Das ist eine Zeit eigenen Rechts, die über Mittel und Wege gebietet, ihr Recht mit Macht durchzusetzen. Hormonell ausgedrückt: Die Produktion von Melatonin, dem Winterschlafhormon, wird vom Frühlingslicht, das durch die Augen einfällt, gebremst. Einen Schub erfährt stattdessen Adrenalin, das Antriebshormon. Prompt stellen die berühmten »Frühlingsgefühle« sich ein, mit anschwellenden Adern der angenehmen Art, machtvoll auch sie, und schon ist alle Wissenschaft vergessen, denn dies ist die Zeit der Poesie. Die Dichter aller Zeiten huldigten ihr. Der Frühling heilt alle

Wunden, lässt alle Enttäuschungen vergessen, füllt jede Leere. Er ist die Zeit der großen Zärtlichkeit.

Im Frühling wird es deutlicher als sonst: Der Mensch ist im Grunde eine Pflanze. Eine Pflanze, die laufen gelernt hat. Immer im Winter werden die Säfte unterirdisch vergraben. Immer im Frühling kehren sie zurück, und der Mensch blüht wieder auf. Sonnenhungrige Pflanzen neigen einander ihre Häupter zu. Wohl dem, der jetzt jemanden hat, mit dem sich diese Gefühle leben lassen. Denn Frühlingsgefühle, das sind eindeutige Gefühle. Nicht nur unter Vögeln herrscht jetzt reger Verkehr. Dass zur *ars vivendi*, der Lebenskunst, immer auch eine *ars amandi*, eine Kunst des Liebens gehört, versteht sich von selbst. Dass dieser nicht nur eine seelische und geistige Dimension eigen sein kann, sondern auch eine sehr fleischliche, ist unabweisbar.

Seelen und Leiber stehen jetzt in Flammen, das Begehren entzieht sich jeder Kontrolle. An eine Mäßigung ist nicht zu denken. Natürlich kann das Folgen haben, aber dies ist nicht die Zeit, lange darüber nachzudenken. Die Menschen zittern nach Liebe, die Enttäuschung holt sie erst später wieder ein. Die Zeit der großen Kälte ist vorbei – dass sie wiederkehrt, liegt jetzt ganz fern. Schweigen wir darüber, dass dort, wo solche Gefühle sind, auch die Werbeindustrie nicht weit ist, die sie auf frivole Weise zu nutzen weiß. Gerade jetzt, wo wir so wehrlos sind, macht sie uns zu willigen Konsumenten. Selbst eine sonst recht bescheidene Zeitschrift in Berlin kann plötzlich auf neue Interessenten hoffen. Womit sie wirbt? Ganz unverhohlen legt sie uns das frühlingshafte Entzücken auf die Lippen: »Ich freu' mich auf die nächste Nummer!«

Sommerlandschaften:
Mein Capri

26 | Und jetzt mal tief durchatmen

Dieser Duft! Himmlisch! Wenn es das Paradies gibt, dann
führt eine Allee aus Lindenbäumen dorthin. Ungefähr so,
wie die Allee »Unter den Linden« zum Brandenburger Tor
in Berlin. Erst kommt der Frühling, dann kommen noch
die Lindenblüten dazu, dann ist Sommer. Zuerst platzen
nur einige der kleinen Kügelchen auf, von Duft keine
Spur. Wochenlang zieht sich das hin. Zögerlich, ganz
abhängig vom Kleinklima, in dem der jeweilige Baum
wohnt, beginnen die Blüten zu blühen. Und jetzt mal tief
durchatmen, ganz langsam die Luft durch die Nase einzie-
hen. Die Blüten verströmen Duft in einem Maße, dass die
Nasenflügel beben. Betörend!
Weißliche oder hellgelbe Wolken von Blüten hängen in
den Bäumen, umschwärmt von Honigsaugern aller Art.
In Berlin könnten Hunderte von Straßen und Plätzen
den poetischen Namen »Unter den Linden« tragen. Schon
immer hat die kantige preußische Art wenigstens zur Zeit
der Lindenblüte ein wenig Milderung erfahren. Mag heute
aus den U-Bahn-Schächten der verwitterte Modergeruch
dringen, der für diese Stadt so charakteristisch ist – der
süße Lindenduft, der in Schwaden umherzieht, bildet
einen starken Kontrast dazu. Die Menschen suhlen sich
in diesem Duft, sie wälzen sich im Gras zu den Füßen
der Bäume, etwa auf dem Platz vor dem Schloss Charlot-
tenburg. Und die Kenner unter ihnen tun dies vorzugs-

weise in der Dämmerung und Dunkelheit. Dann nämlich ist die kühler und feuchter werdende Luft von Duftmolekülen völlig durchdrungen.

Einfaches Indiz für einen schlechten Menschen: Einer, der den Lindenblütenduft nicht riechen mag. Alle anderen aber inhalieren tief und werden gut, wenigstens für die dufterfüllte Zeit, vielleicht vier Wochen, dann geht alles wieder von vorne los: Lange Zeit des Vergessens, bis zum nächsten Frühling, dann die Zeit der Wiedererinnerung und des Wartens, das Anschwellen der Nasenflügel, der anhaltende Höhepunkt, alles zugegebenermaßen sehr erotisch, jedenfalls für denjenigen, der über einen ausgeprägten Geruchssinn verfügt.

Zuletzt aber, um ehrlich zu sein, kann ich dieses süßliche Zeug, das in der Nase kleben bleibt, nicht mehr riechen. Die Lindenblüten haben ein Einsehen damit und verblühen zügig. Der Duft löst sich einfach in Luft auf, und keiner bemerkt es, weil jeder die Nase voll davon hat. Das Leben geht weiter. Die verwelkten Blüten aber reagieren auf den Liebesentzug wie Menschen: Sie verhärten und stürzen zu Boden.

27 | Wo es still ist

Die Leute ergießen sich über die Treppen, fluten die Räume, stauen sich auf den Fluren. Ein Empfang, ein Opernbesuch, eine Vernissage, ich weiß es nicht, weiß nicht, wo ich bin und wie mir der Kopf steht. Wo kann ich ein wenig Ruhe finden?

Ein Bedürfnis treibt mich zu dem Örtchen, das man das

»stille« nennt. Hier lässt es sich Atem schöpfen und in aller Abgeschiedenheit ein wenig philosophieren, während man zugleich dringlichen und unabweisbaren »Geschäften« nachgeht. Der Raum darf nicht zu groß sein, sonst fühlt man sich wie auf dem Präsentierteller. Nur ein kleiner *locus* bürgt für die Intimität des Selbst mit sich selbst. Der Raum darf auch nicht zu luxuriös sein, sonst fürchtet man ihn zu beschmutzen und fühlt plötzlich eine Verstopfung.

Der Wasserhahn tropft ein wenig vor sich hin, aber das regelmäßige »Pflop« der einzelnen Tropfen unterstreicht nur mit unbeirrbarem Gleichmaß die meditative Stille des Ortes. Ich habe es ohnehin nicht eilig, und mein Darm versteht die Botschaft und lässt sich alle Zeit der Welt. Einschlägige Erinnerungen kommen mir in den Sinn: Wie ich einst als kleiner Junge auf dem elterlichen »Abort« saß. In aller Ruhe sah ich, nicht im Geringsten angewidert, den Tierchen zu, die sich an den Wänden des Plumpsklos tummelten. War es nicht Natur, die da kreuchte und fleuchte, so wie es auch Natur war, da zu sitzen?

Regelmäßig gerate ich an diesem Ort ins Sinnieren über die Kreisläufe der Natur, auch wenn ich heute nicht mehr zu sagen wüsste, woher das Steak stammt, das ich gerade verschlungen habe, und wohin es nun geht, sobald die Wasserspülung es hinwegtreibt. Nichts geht verloren, das ist gewiss, alles kehrt in irgendeiner Form wieder. Gilt das auch im Seelischen und Geistigen? Gilt es auch – für »mich«?

Tiefgründige, abgründige Fragen, die »Sitzung« gerät zum philosophischsten Moment des Tages, immer wieder auch zu einem Ausbund an Kreativität. Die Erleichterung, die von hinten kommt, kriecht wohltuend den Rücken hoch und entspannt das Gehirn. Wüssten die Menschen, welche Gedanken und Ideen im wahrsten Sinne des Wortes besch ... sind! Wie schade, wenn man sich endlich erheben muss. Adieu, du stiller Ort – wo immer ich morgen sein werde, ich werde dich wiederfinden und wieder aufsuchen, das allein kann mich trösten. Hinaus in die lärmende Welt!

28 | Ein Tag im Irrenhaus

Ein ganz normaler Sonntag. Familientag, wenn Sie verstehen, was ich meine. Der Ausflug steht an. Einer will hierhin, der andere dorthin; die pubertierende Tochter will, wie üblich, zu Hause bleiben, ihr sind diese alten Rituale ein Gräuel. Der kleine Sohn ist der einzige, der gerne alles mitmacht, aber er will jetzt noch schnell die Frage klären, die ihn momentan sehr beschäftigt: »Papa, warst du schon mal betrunken?« Da eine zügige Antwort darauf nicht so ohne weiteres möglich ist, bitte ich mit Nachdruck in der Stimme um Aufschub.

Der Älteste ruft an, er hat ein Problem: Er war auf keinen Fall schuld, es gab nur eine kleine Rangelei abends vor der Disko, und es kostet nur eine Kleinigkeit. Und da kommt endlich noch der Zweitälteste, er hat auch ein Problem, ausgerechnet jetzt hat der preiswerte Gebrauchtwagen, mit dem er seine neue Fahrerlaubnis testet, den Geist ausgehaucht, er bräuchte eine kleine Investitionshilfe. Die Eltern ihrerseits gehorchen dem Grundgesetz der Polarität, und das heißt: Wenn einer eine Meinung hat, muss der andere zwangsläufig die Gegenmeinung vertreten. Also entspinnt sich die übliche Sonntagsauseinandersetzung, und es ist ein Wunder, dass mit Verhandlung, Verführung, Vertröstung dann doch relativ häufig ein Tag herauskommt, der am Ende alle zufrieden stellt. Ein ganz normaler Tag im Irrenhaus.

Eigentlich sollte, wer eine Familie gründet, Anspruch auf Schmerzensgeld haben. Stattdessen reicht es nur zum Kindergeld, und dafür muss man noch dankbar sein. Sollten Sie nun aber den Eindruck gewinnen, der Autor dieser Zeilen liebe die Familie nicht, dann täuschen Sie sich gewaltig: Ein größeres Familientier als mich werden Sie weit und breit nicht finden. Ohne Familie kann ich nicht leben. Allenfalls im Kloster, also in einer anderen Art von Familie.

Bin ich auf Reisen und sehe meine Familie eine Weile nicht, so werde ich nervös: Ich frage mich, wozu ich überhaupt auf der Welt bin. Bald schon würde ich in Gefahr stehen, den Halt im Leben zu verlieren. Letztlich verdanke ich der Familie sehr viel: Sie hat mich zum Philosophen gemacht. Familie ist die beste Philosophie-Ausbildung, die sich nur denken lässt, vor allem für die stoische Richtung. So bin ich zum Stoiker geworden. Nichts kann mich mehr erschüttern. Und Sie? Sind Sie schon Philosoph? Oder noch auf dem Weg dazu?

Die Sonne brennt vom wolkenlosen Himmel. Ausgerechnet heute. Aber das muss wohl so sein. Klaglos wuchte ich meinen Koffer hoch und trete den Weg an. An einer Haltestelle mitten in der Landschaft bin ich aus dem Zug gestiegen, einige Kilometer vom Ziel entfernt. Nun gehe ich Feldwege entlang, die ich nicht kenne, die aber ungefähr in die gewünschte Richtung führen müssten.

Der Schweiß strömt aus allen Poren, aber das gehört zum Programm. Denn ich bin ein Pilger, jedenfalls habe ich das so beschlossen. Und wie jeder Pilger erlebe ich nach mühevollem Weg das Glück der Ankunft: eine Dusche fürs Frischwerden, ein Bett für die geschundenen Glieder. Dann erst bin ich reif für die »innere Einkehr«, die nun gerne so gründlich ausfallen kann, wie die vorhergehende äußere Anstrengung qualvoll war.

In einer schwierigen Lebenssituation hatte ich einst als Junge versprochen, diese Pilgerreise zu unternehmen, und offenbar hatte es geholfen. Ob es dafür einer religiösen Haltung bedarf, ist ungewiss, aber ein Gespräch mit Gott oder einer göttlichen Macht kann auch nicht schaden; man weiß ja nie ... Jetzt erst, Jahrzehnte später, fiel mir ein, dass es an der Zeit wäre, das Versprechen endlich einzulösen. Und vielleicht wäre es gerade jetzt hilfreich, in allem Trubel und Durcheinander wieder Klarheit und Festigkeit zu gewinnen und neue Kräfte zu schöpfen.

Die Selbstbesinnung, die sich am Pilgerort von selbst einstellt, die Konzentration auf das eigene Leben, die Aufmerksamkeit auf vieles, das fast vergessen war, setzt in der Tat neue Kräfte frei: Womöglich liegt darin ein Grund für die »Wundertätigkeit«, die vielfach bezeugt wird; vielleicht fließen die Kräfte aber auch aus der anderen Dimension zu, zu der ein Pilger in engere Beziehung tritt. Der Zauber des Ortes tut ein Übriges: Dass so viele Schicksale so vieler Menschen sich seit so langer Zeit an diesem Ort überkreuzen, vermittelt einen starken Eindruck von der unerschöpflichen Fülle des Lebens.

Es ist der abendliche Gottesdienst, während dessen mir plötzlich das eigene Leben so klar vor Augen steht wie nie zuvor: all die Wege, Um- und Abwege, die ich gegangen bin, und die Richtung, in die ich gehen sollte. Froh und unbeschwert ziehe ich danach hinaus in die Welt – und verspreche hoch und heilig, nicht erst Jahrzehnte verstreichen zu lassen, bis ich wieder hierher zurückkehre.

30 | Im Biergarten

Wer aus Bayern stammt, kennt kein größeres Glück. Der ideale Biergarten ist umwachsen von einer Vegetation, so üppig wie ein tropischer Regenwald. Das ist der äußere Rahmen für die Exposition des Fleisches. Biergenuss und Fleischeslust, darum geht es im Biergarten. Im Idealfall spielt nebenan die »Musi« auf, mit klingendem Blech. Mit Fleisch ist, wie sich von selbst versteht, auch das Gegrillte gemeint, dessen Rauchschwaden die Sinne benebeln. Davon hingegen, was die weibliche Kleidung oder zuweilen ihr Fehlen dem männlichen Blick exponiert, schweigen wir lieber. »Hallo«, sagt eine liebenswürdige Stimme neben mir, und ich setze mich sofort in Position, um adäquat zu antworten. Aber die Stimme spricht nur mit ihrem Handy.

Wir sitzen im Englischen Garten in München, im Biergarten am Chinesischen Turm. Das Messer, mit dem die Weißwurst korrekt kurz vor 12 Uhr der Länge nach aufgeschlitzt wird, ist schon krumm vom häufigen Gebrauch. Einfache Brezen gibt es nicht, nur »große Brezn« für viel Geld, sonst lohnt sich so ein Biergarten mit ein paar tausend Plätzen unter schattigen Kastanienbäumen für den Pächter gar nicht. Aber am meisten mundet der original bayerische Kartoffelsalat mit integriertem Gurkensalat in Essig und Öl, das ist was anderes als die Mayonnaisenpampe, die in Norddeutschland für »Kartoffelsalat« gehalten wird.

Hier strandet alles Leben, der Mensch ist nur noch ein Gesicht im Sand, ausgelöscht von immer neuen Wogen von Bier, die mit Naturgewalt über ihn hereinbrechen. Wenn darüber der blaue Himmel sich wölbt, können die restlichen Kulturinstitutionen am Abend frühzeitig dichtmachen, niemand wird sich für ihre Dichterlesungen, Konzerte, Vernissagen oder Vorträge interessieren. Zum Rausch der Sinne gibt es keine Alternative, auch wenn er abends um elf zu Ende ist, »Sperrstunde«.

Der Gipfel der Biergartenkultur ist freilich gar nicht in Bayern zu finden, sondern in Berlin. Ich sage nur: »Loretta« am Wannsee, hoch über dem Wasser und dem vorbeibrausenden Verkehr, in trauter Nachbarschaft zur S-Bahn, auch elegante weiße ICE-Schlangen gleiten alle paar Minuten geräuschlos vorbei. Ein kleines Problem besteht zwar darin, dass das Essen grottenschlecht ist, aber das ist eben Berlin. Berlin, das ist die Stadt der existenziellen

Wahrheit, und Loretta ist ihr Ausdruck: nicht unbedingt schön, aber eben wahr. München dagegen ist zu schön, um wahr zu sein: davon kündet sein Biergarten.

31 | Rettet den Wurstsalat!

Den Wurstsalat retten? Ist er denn ernsthaft bedroht? Zugegeben, die schlimmsten Zeiten sind vorbei, als die *Nouvelle Cuisine* den Wurstsalat in seiner Substanz gefährdete: als nämlich das letzte Salatblättchen auf dem leeren Teller voller Verachtung auf den Berg grob geschnittener Wurstscheiben am Nachbartisch blickte. Es folgten die Zumutungen der Gesundheitsküche, aber sie ließen sich durch die Betonung des »Salats« gegenüber der Komponente »Wurst« parieren. Und dass alles *Bio* sein soll, was im Wurstsalat drin ist, schadet ihm nicht.

Problematischer erscheint, dass nun vom Zahnersatz bis zur Rente alles auf dem Prüfstand steht, denn da ist irgendwann auch der Wurstsalat nicht mehr sicher. Er ist ja die Inkarnation des Beständigen, Gewohnten, Rustikalen, Unverwüstlichen – kurz all dessen, was früher oder später unter die Räder der modernen Neuerungswut gerät. Und wovon ernähren wir uns dann? Gründen wir lieber, da der Wurstsalat notwendigerweise zur Lebenskunst gehört, einen Verein zur Vertretung unserer legitimen Wurstsalatinteressen. Es wäre sinnvoll, einen wohlklingenden Namen dafür zu finden, das erleichtert die Public-Relations-Arbeit.

Nennen wir uns einfach: »Freunde des ehrlichen Wurstsalats«, abgekürzt FdeW. Jeder weiß sofort, was damit gemeint ist: Keine Chemie in dieser letzten Bastion des Authentischen, keine Genmanipulation, jedenfalls nicht am Wurstsalat; und auch keine öffentliche Verunglimpfung dieses Grundnahrungsmittels als »Plumpsküche«. Worin unsere Druckmittel bestehen? Wir drohen einfach, mit unserem Anliegen in die Politik zu gehen! Wenn man uns nicht mehr in Ruhe unseren Wurstsalat essen lässt, dann treten die FdeW flugs als Partei an, und dann wird rasch klar sein, über welche Massenbasis der Wurstsalat verfügt. Dann richten wir die ganze Politik an den Interessen des Wurstsalats aus, das wird vor allem außenpolitisch sehr interessant: Die Schweiz und Deutschland nach etlichen Missverständnissen endlich wieder Hand in Hand. Italien voller Entsetzen ob der kulinarischen Barbarei, die aus dem Norden kommt. Polen ratlos angesichts des alten Europa. Japan begeistert über die neue Touristenattraktion. Und Amerika? Amerika hält auch diese Offerte nicht für geeignet zur Befriedung des Irak. Schade, finden Sie nicht? Oder ist Ihnen das alles Wurst?

32 | Eintauchen in den Wald

Sofort wird die Luft merklich kühler. Die Geräusche des menschlichen Alltags bleiben zurück. Von den Baumwipfeln her ist ein leises Rauschen zu hören, ansonsten nur das Knirschen der eigenen Schritte im Kies, gedämpft vom moosigen Grund. Schmetterlinge: Kohlweißlinge, Zitronenfalter, Pfauenaugen tanzen über den Weg. Eine Hummel brummt knapp am Gesicht vorbei. Von ferne nur das Schimpfen einer Amsel. Am Rande des Weges, von Brennnesseln und Farnen gesäumt, steht eine Jägerleiter verloren herum. Das Sonnenlicht webt einen Flickenteppich aus allen Schattierungen von Grün.

Da die Luft so würzig ist, wird von selbst der Atem tiefer. Das Gefühl, eins zu sein mit allem, stellt sich ein. Ich selbst bin wandernde Natur inmitten von Natur. Ein Aasgeruch dringt stechend in die Nase: Aber auch im Wald, der immer lebt, gibt es Tod. Er ist der Übergang zu immer neuer Wiedergeburt. Wie sollte es mit menschlicher Natur anders sein? Nicht dass dies ein nachprüfbares Wissen wäre, aber hier, in diesem Dom der Natur, verdichtet sich dieser Gedanke zur Gewissheit, mit der sich leben lässt.

Eintauchen in den Wald: Das ist der Weg, um zur Ruhe zu kommen. Aller Ärger prallt ab am Gleichmut der hohen Stämme von Fichten und Buchen, die hier stehen, ganz und gar beschäftigt nur mit sich selbst, völlig unbeeindruckt von unbeantwortbaren Fragen, ohne jede Frage an ihre eigene Existenz: Sie sind nur Baum und nichts als Baum. Das ist der Weg, um Trost zu finden: Alles, was schwer ist, ist aufgehoben in der umfassenden Natur, die größer ist als der einzelne Mensch, größer als die Menschheit überhaupt. Es gibt keine menschliche Existenz nur für sich allein, auch wenn es mitten im Beton der Städte und der Seelen so scheinen mag.

Und wenn die ökologische Zerstörung doch nicht nur eine Erfindung derer ist, die immerzu und überall Katastrophen am Werk sehen? Wenn Menschen letzten Endes doch dabei sind, den Wald zu zerstören? Selbst dann ist eines gewiss: Dass der Wald obsiegen wird, dass er all die stolzen Errungenschaften menschlicher Existenz, Bahnen, Autobahnen, Städte, Kraftwerke, Fabriken überwuchern wird. Dass er zuletzt dem Friedhof des Menschen noch Schatten spenden wird. Was auch immer geschieht: Der Mensch ist aufgehoben im Wald, der keinen wirklichen Tod kennt.

33 | Abschied von meinem Freund

Mein Freund ist nicht mehr hier. Plötzlich. Noch nicht lange, da unternahmen wir einen kleinen Ausflug, nicht wissend, dass es das letzte Mal sein würde. Zum ersten Mal nach so vielen Jahren zeigte er mir die heimatliche Landschaft, das Elternhaus, das Lieblingscafé. Nicht zum ersten Mal seinen Schmerz. Und wir passierten die Stelle, ohne davon zu wissen.

Mein Freund hatte Weltschmerz, und einen Ort, an dem er damit leben konnte, fand er nicht mehr. Niemand trägt daran irgendwelche Schuld. Die Medizin nennt das Leiden »manisch-depressiv«. Aber ich glaube nicht, dass die Medizin alle Dimensionen des Menschseins kennt. Es gibt gute Gründe, einen solchen Schmerz zu fühlen, der anderen fremd zu sein scheint: Denn nicht nur aus Oberfläche besteht diese Welt, das menschliche Leben, sondern auch aus Abgründen.

Gotthard hieß mein Freund. Hölderlin, den Dichter und Philosophen, hat er sehr geliebt. Wie Hölderlin war er fasziniert von dem antiken Denker Empedokles, der sich der Sage nach in den Ätna stürzte, um eins zu werden mit allem. Wie Hölderlin, wie Empedokles wohnte mein Freund lange im Garten am Rande des Abgrunds. Er wusste, dass Menschen nur für eine Weile zu Gast sind in diesem Garten, und er liebte diese Weile mit ganzem Herzen. Er wusste, dass es Bestandteil der Lebenskunst sein kann, dieser Weile selbst ein Ende zu setzen, wenn der Schmerz übermächtig wird. Der Tod war für ihn kein schrecklicher Gedanke.

Hat er im entscheidenden Moment daran gedacht, dass sein eigener Schmerz zwar nun zu Ende geht, der Schmerz seiner Kinder, seiner Frau, seiner Mutter, seiner Schwester jedoch noch ein Leben lang währen wird? Er liebte sie sehr und wurde sehr geliebt. Aber das Leben, das ihm bevorstand, wäre keines mehr gewesen: immer häufiger in geschlossenen Räumen, die die Freiheit rauben; immer mehr Medikamente, die das Innerste verändern. Er konnte nicht anders.

Ist das Freiheit? Ich weiß es nicht. Ich weiß nur, was geschehen ist. Ein Vulkan stand ihm nicht zur Verfügung. Aber eine liebliche Landschaft in einem kleinen, engen Tal, über das eine hohe Brücke führt. Er wollte sich der Natur zurückgeben. Mitten in der blühenden Wiese wollte er begraben sein. Am Ende wird alles zum Zeichen. Es schmerzt sehr, mein Freund, dich nie mehr zu sehen. Aber ich kann nicht weinen, denn ich weiß, dass du jetzt zu Hause bist.

Über mir das Meer der Sterne. Der rötliche Mars leuchtet so hell, dass er mit dem Lichtpunkt einer Bergstation zu verwechseln ist. Unter mir endlose Lichterketten, die die Ufer eines Sees säumen und sich in ihm spiegeln. Und ich mittendrin, auf einer Terrasse hoch über dem See, Kuhgebimmel von fern, Generatorengeräusche von nah. Die Mondsichel steht noch am Himmel. Ein kühler Luftzug weht. Ein Gefühl der Erhabenheit macht sich breit, Erhabenheit über Lärm, Gezänk, Getriebe. Und der starke Eindruck, dass es noch ganz andere als die menschlichen Dimensionen gibt, durchdringt mich zutiefst.

Die Gedanken weiten sich und wandern zurück, immer weiter zurück in die Geschichte. Woher komme ich? Woher kommt der Fels, auf dem ich sitze? Er ist die sichtbare Ausformung einer Geschichte, die von der Auffaltung dieser Berge erzählt, wie sie unvorstellbar langsam und doch unweigerlich geschehen ist und eigentlich noch immer weiter geschieht. Eine Kontinentalplatte schiebt sich in Jahrmillionen über eine andere, und die Nahtstelle der ungeheuren, unmerklichen Bewegung ist die grandiose Landschaft der Berge. Von einstmals noch viel höheren Bergen wälzte sich ein mächtiger Fluss herab, der in ewig scheinender Zeit erst das Tal einschnitt, das nun so malerisch dort unten liegt und in dem nur noch ein Rinnsal dahinfließt.

Vor dem geistigen Auge kommt die ungestüme geologische Geschichte schließlich halbwegs zur Ruhe, und es ist zu sehen, wie das Leben heranwächst, in Form von Moos über das Gestein kriecht, in Gestalt von Mikroben in alle

Ritzen vordringt. Ich kann mir leibhaftig vorstellen, wie in der Abenddämmerung die massigen Körper von Dinosauriern aus Wäldern herausragen. Spät erst, sehr spät erscheint in dieser Geschichte der Mensch und seine eigene von ihm so genannte »Geschichte« – die doch nur ein winziger Augenblick in dieser endlos langen Zeit ist.

So führt die Entwicklung bis hin zu dem Punkt, an dem ich hier oben sitze, ohne dass jemals etwas oder jemand darauf abgezielt hätte. Ich bin umgeben von aufgefaltetem Gestein, fühle mich geborgen in diesen Falten der Erde und genieße den Blick von oben, diesen weiten Blick auf die Sterne über mir und die menschlichen Dinge unter mir. Was mir bleibt, ist nur dies: all das zu bestaunen und den Duft der kühlen, würzigen Luft tief einzuatmen.

35 | Heute nacht ins Weltall

Konnten Sie heute nacht bei dieser Hitze mal wieder nicht schlafen? Nein, besorgen Sie sich keine Schlaftabletten. Eigentlich ist die Nacht zum Schlafen ja ohnehin viel zu schade. Schalten Sie lieber Ihren Fernseher ein. Doch, am besten tief in der Nacht. Da finden Sie Nacht für Nacht, seit vielen Jahren schon und hoffentlich für immer, die »Space Night« im Fernsehprogramm des Bayerischen Rundfunks. Das Erotik-Programm ein paar Kanäle weiter kann da nicht mithalten.

Wenn Sie schon immer mal als Astronaut im Space-Shuttle mitfliegen, aber kein Risiko in Kauf nehmen wollten, *voilà*: Soeben befinden wir uns hoch über Neapel. Unter uns der kreisrunde Kegel des Vesuv. Ein, zwei Minuten später kommt schon der Nil in den Blick, das Rote Meer, die endlose Wüste Saudi-Arabiens. Es folgt ein Zusammenschnitt von häufigen und bizarren Wolkenformationen. Dominiert wird der Planet, auf den wir blicken, jedoch von riesigen blauen Wasserflächen, das ist seine Besonderheit. Ein Drittel der Erdumrundung wird allein schon von der Überquerung des Pazifischen Ozeans in Anspruch genommen.

Einblendungen orientieren uns über die Länder und Orte, die wir gerade überfliegen. Unsere Bewegung im Orbit scheint von majestätischer, meditativer Verhaltenheit zu sein, in Wahrheit aber trägt uns das Raumschiff mit atemberaubender Geschwindigkeit in ganzen neunzig Minuten um die Erde. Gestochen scharf sind die filigranen Verästelungen von Flussläufen zu erkennen, der weiße Saum am Meeresufer, die vielen Türkis-Schattierungen der Meere in Karibik und Pazifik, die fein ziselierten Falten der Himalaya-Berge. Wir ahnen, dass mit ausreichender Vergrößerung von hier oben jedes Schaf dort unten einzeln gezählt werden kann. Und wohl auch noch die Haare seines Pelzes.

Die »Space Night« ist eine Einübung in den Blick von außen auf den Planeten: Das ist die Frucht der durchwachten Nacht. Und insofern wir selbst es sind, die diesen Planeten bewohnen, ist es eine Einübung des Blicks von außen auf uns selbst, eine Standardübung der philosophischen Lebenskunst schon seit antiker Zeit, wenn auch damals ohne jede technische Unterstützung. Der hinreißende Blick hat mich schon so manche Nacht gekostet. Dafür kann ich sagen: Buchstäblich über Nacht bin ich zum Erdenbürger geworden. Keine Angst also vor der nächsten schlaflosen Nacht. Willkommen im Club!

36 | Im Orbit

Einsteigen, bitte, jetzt geht's los! Es ruckelt ein wenig, dann gewinnt das Gefährt schnell an Fahrt. Wollten Sie immer schon mal eine Erdumrundung machen? Ohne ins All zu fliegen? Berlin bietet auch das, denn Berlin ist zurück unter den Sternen. Sterne bewegen sich bekanntlich auf Kreisbahnen, und dieses orbitale Gefühl bietet nun der neue Berliner »Ring«. Nein, keine Autobahn, der »Ring« ist eine S-Bahn, die immer im Kreis fährt, die Stadt umrundet, rund ums Zentrum, alle zehn Minuten, S 41 im Uhrzeigersinn, S 42 andersherum, achten Sie auf die Anzeige »Ring«.

Berlin kreist in sich selbst, das haben zwar böse Geister seit längerem schon vermutet, aber erst jetzt ist es wieder wahr geworden. Der Kreis ist wieder geschlossen seit dem Sommer 2002. *Wieder*, denn das gab es schon einmal, bevor mit dem selbst verschuldeten Krieg und seinen Folgen solche Errungenschaften zerstört wurden. Ältere Menschen berichten gerne noch von ihren Erfahrungen beim »Ringkuscheln«: Eine lange Umarmung für den Preis eines Fahrscheins. Und heute stürzen sich die Massen in den Ring – denn er bietet unschlagbare Vorteile beim Umsteigen überallhin. Jetzt erst können Ost und West richtig zusammenwachsen. Es hat ein paar Jahre gedauert, weil viel Arbeit für horrende Kosten zu leisten war.

Kleine Erdumrundung: Es ist ein interessantes Gefühl,

sagen wir, am Bahnhof Jungfernheide einzusteigen und gen Osten zu fahren und nach ziemlich genau einer Stunde im Orbit (etwas kürzer als eine raketengestützte Erdumrundung) von Westen her kommend am selben Bahnhof wieder einzutreffen. Man darf sich nur keine falschen Vorstellungen von der Ästhetik des Unternehmens machen: Mit dem Blick auf den blauen Planeten kann der Blick aus dem S-Bahn-Fenster nicht konkurrieren. Keine sehenswerte Silhouette wandert am Horizont vorbei, nur Brachen, wild wuchernde Haine, öde Gleislandschaften; ein gelegentliches Einkaufszentrum wird schon als Abwechslung empfunden.

Aber die Urbanität bedarf eines solchen Kreisens in sich selbst, es befördert die Gelassenheit in all der alltäglichen Aufregung. Und Bestandteil einer ausbalancierten Lebenskunst ist dies ohnehin: neben der linearen, zielgerichteten Ausrichtung des Lebens, wie die Moderne sie abverlangt, zyklische Elemente wie in nichtmodernen Kulturen zu pflegen. Das Gemisch aus Zielgerichtetheit und Kreisen in sich selbst: Das macht das Leben in der Stadt so lebenswert.

37 | Das Leben schmücken

Die Mittagssonne brennt herunter auf den Platz vor dem altehrwürdigen Dom. Unter Bäumen und großen gelben Sonnenschirmen versammeln sich die Menschen, trinken und essen und sind vergnügt, und dies bis tief in die Nacht, die Breitengrade der »weißen Nächte« verführen dazu. Keine Spur mehr von dem Geschehen zur Endzeit der *Pe-*

restroika, als dieser Platz unter Beschuss stand und die Menschen ihre Freiheit hinter Betonsperren, mit Stacheldraht bewehrt, zu retten hofften. Es ist der Domplatz von Riga, der Hauptstadt Lettlands.

Das Leben triumphiert über den Versuch seiner Zerstörung und treibt neue Blüten hervor. Die Letten, lebensfrohes Völkchen am Baltischen Meer (in Westeuropa »Ostsee« genannt), haben ihre spezifische Kombination von Liebe zum Leben und solider Arbeit wieder gefunden. Solide Arbeit, mit Liebe zum handwerklichen Detail, ist die Wiederherstellung der prachtvollen Altstadt im Jugendstil. Die Architektur aber geht, ganz im Sinne des Jugendstils, nicht in ihrer Funktion auf, sondern ist Schmuck. Geschmückt und gepflegt werden längst auch wieder die großen und kleinen Parkanlagen, die lange brachgelegen haben.

In tausend Bemühungen, das Leben zu schmücken, kommt die Liebe zum Leben zum Ausdruck, am sichtbarsten in den Blumensträußen, die an jeder Straßenecke feilgeboten werden. Alltagsdingen wird traditionell größere Achtsamkeit zuteil als irgendwo sonst. Und auch die Wertschätzung der Mode ist so groß, dass Dependancen aller Designer der Welt in der Stadt versammelt sind. Gerne wird die Mode, deren Kreationen auf Schritt und Tritt zu sehen sind, auch selbst gemacht, und sei es aus Geldmangel, oft gewagt, selten geschmacklos.

Arbeit ist nötig, soll eine individuelle und gesellschaftliche Verbesserung von Verhältnissen erreicht werden; die Menschen wissen das. Aber niemand würde auf die Idee kommen, sich in der Arbeit zu erschöpfen oder den einzigen Lebenszweck in ihr zu sehen. Zweck des Lebens ist vielmehr sein Schmuck, alle gewonnenen Ressourcen dienen nur dazu: Nützliches um des Schönen willen. Das führt zu einer bemerkenswerten Wertschätzung der Kunst, jeglicher Kunst, momentan etwa in einer zauberhaft ausgestatteten »Aida« im Jugendstil-Opernhaus. Der Sinn des Lebens liegt darin, sich an Schönem zu erfreuen, ganz einfach. Ob das aber auch so bleibt, wenn das kleine Land in der Moderne des Westens angekommen sein wird?

38 | Sommerlandschaft

Ohne Schönes lässt sich nicht leben. Aber wo ist es zu finden? Zum Beispiel in einer Landschaft. Meine Lieblingslandschaft ist ein Kiefernhain am Ostseestrand. Ich genieße ihn in jedem Moment, wenn ich ihn vor mir sehe, und ich trage ihn in Gedanken bei mir, wenn ich fern von ihm bin. Auf der Höhe der Sanddüne führt der Weg auf ihn zu. Zwischen den knorrigen Stämmen hindurch geht der Blick aufs weite Meer. Wenn ich frühmorgens vorbeikomme, verlangsame ich den Schritt und atme die würzige Luft tief ein. In der Morgensonne liegt das Meer ganz still da, regelmäßig schlagen unten die Wellen ans Ufer und laufen sanft auf dem Sandboden aus. Am Horizont geht das weißliche Blau der Wasserfläche unterschiedslos in den darüberliegenden Dunst der Atmosphäre über.

Ich setze mich auf die rustikale weiße Bank, die in diesem *Set* nicht fehlen darf. Ein Rotkehlchen ist unbeeindruckt von den vorbeigehenden Menschen, die zu sehr mit sich beschäftigt sind, als dass sie den phänomenalen Ausblick wahrnehmen könnten. Dabei hat der glückliche Zufall –

oder die ökonomische Berechnung – es so gefügt, dass ein Café an strategisch günstiger Stelle ein Verweilen leicht macht. Hier kann ich mich zurücklehnen, einen Kaffee schlürfen, der schlecht genug schmeckt, um noch intensiver mit den Augen zu trinken: Wie die weißen Schiffe am Horizont langsam, sehr langsam vorüberziehen, buchstäblich von Kiefer zu Kiefer, aus dieser Perspektive.

Gegen Abend färbt sich der wieder aufkommende Dunst leicht rötlich, und rot glühen die Stämme der Kiefern, bevor sie bis zum nächsten Morgen verlöschen. Die Schönheit kommt bisweilen dem Kitsch sehr nahe. Am schönsten aber ist es, wenn Wolken aufziehen und es trist und grau wird. Gewiss, über den ästhetischen Gewinn lässt sich streiten, aber plötzlich gibt es viel Platz überall, am Fenstertisch im Café und auf dem Weg. Schäumend rollen die Wogen in endloser Folge heran und schlagen krachend ans Ufer. Draußen wird das Gesicht gepeitscht von Regen und Sturm, drinnen glühen danach umso mehr die Wangen, und die wohlige Wärme, sonst nur eine unbeachtete Normalität, wird nun mit jeder Pore genossen.

Das ist der reinste Frieden, dem die Zufriedenheit entspricht, denn in der Landschaft spiegelt sich die Seele wider. Und doch wäre es Unsinn, vom Leben zu erwarten, dass es immer und überall genauso aussehen sollte. Nur darin, dass es so schöne Ecken und Flecken auf dieser Erde gibt, liegt bereits ein guter Teil des Sinns im Leben.

Kennen Sie dieses Gefühl auch? Merkwürdig, diese Tristesse. Ausgerechnet dann, wenn man ankommt, zum Beispiel am Bahnhof. Man findet sich nicht sofort zurecht. Die Umgebung ist wenig einladend. Niemand da, der uns bei den ersten Schritten an die Hand nehmen würde. Pfützen statt der Pracht der Stadt, von der wir schon so viel gehört und gelesen haben. Noch schlimmer ist es am Flughafen: Ein funktionales Gebäudegebirge ohne jeden Charakter. Im Kontrast zur Weite des Himmels kann es keinerlei Bodenhaftung vermitteln. Fühlbar wird nur Verlorenheit.

Aber nicht nur bei der Ankunft am Zielort der Reise, sondern zuweilen auch bei der Rückkunft zu Hause erfasst uns diese Tristesse. Wohl nur zu erklären dadurch, dass wir aus der Weite kommen, die bei jeder Reise erfahrbar wird, und in der Enge ankommen, die an jedem Ort herrscht. Nur im Unterwegssein ist Weite, an jedem Ort aber wird es eng, denn die Weite der Möglichkeiten reduziert sich auf die einzige Wirklichkeit, die hier dominiert. Und diese Wirklichkeit entspricht oft nicht den Vorstellungen, die wir uns in der Ferne von ihr gemacht haben. Das Ideale wird vom Realen eingeholt.

Nun müssen wir uns wieder »eintakten« in den Rhythmus des Lebens, der vor Ort herrscht. Immer gibt es einen herrschenden Rhythmus. Wir haben den Forderungen anderer zu genügen, die zur Selbstverständlichkeit geworden sind. Immer gibt es Forderungen anderer, und das ist ihnen nicht vorzuwerfen, denn ohne weiteres stellen wir selbst ja auch Forderungen an sie. Jetzt erwartet uns wieder das Klein-klein des Alltags. Die Schwerkraft der Verhältnisse zieht uns hinab. Die Statik der Beharrung fängt die Dynamik der Bewegung wieder ein. Die Arbeiten am Schreibtisch oder im Haushalt haben sich, wie bei der Rückkunft klar wird, nicht von selbst erledigt. Das Selbst sollte sofort völlig präsent sein und ist doch noch unterwegs.

Tristesse der Ankunft: Das Phänomen wird nicht etwa erträglicher dadurch, dass es sich bei jedem Erreichen eines Zieles zeigt und keineswegs nur bei Reisen. Die Sehnsucht nach Weite ist der Grund dafür, dass wir gerne aufbrechen, immerzu und jederzeit. Ohne zu bedenken, dass jeder Aufbruch in eine Ankunft mündet. Die Lebenskunst besteht wohl darin, mit der Tristesse der Ankunft leben zu lernen – und dennoch immer wieder aufzubrechen.

40 | Politik der Lebenskunst

Glühende Sommerhitze empfängt uns. Der Wind facht die Hitze nur noch weiter an. Ringsum von der Sonne ausgebrannte Hügel, nur vereinzelte Bäume und Baumgruppen. Die Schriftzeichen, die uns begegnen, sind kyrillisch; gesprochen ähnelt die Sprache dem Bulgarischen und Serbischen. Wo sind wir? Wir befinden uns in Skopje, der Hauptstadt der Republik Mazedonien, und wir fahren nun gen Westen, nach Ohrid (sprich: *Ochrid*), vorbei an hoch aufragenden weißen Minaretten, die sich vor dem Hintergrund dunkler Berge abzeichnen: Muslime leben hier, die albanische Minderheit des Landes. Dann, nach stundenlanger Fahrt, schweift der Blick über Getreidefelder, leuchtend rot von Klatschmohn, zur zartblauen Wasserfläche des Ohrid-Sees, groß und schön wie der Vierwaldstätter See und ähnlich zwischen Berge eingebettet.

Ein Ort der Lebenskunst? Aber das Leben, das Menschen führen, ist seinerseits eingebettet in Verhältnisse, die direkt oder indirekt über seine Bedingungen und Möglichkeiten bestimmen. Mit dem Abkommen von Ohrid wurde 2001, mit europäischer Hilfe, ein Bürgerkrieg zwischen Muslimen und Christen in Mazedonien beendet, kaum dass er recht begonnen hatte. Und offenkundig ist es gelungen, wie sich zeigt, mit Mitteln der Politik den Menschen wieder Möglichkeiten zur eigenen Lebensgestaltung zu eröffnen.

Dieser Politik liegt jedoch die Aufmerksamkeit derer zugrunde, die wissen, dass das Schicksal Europas sich an seinen Rändern entscheidet, dort, wo das Sprengpotenzial am größten ist. Sich dafür zu interessieren gehört zu einer Politik der Lebenskunst vieler Einzelner, aus guten Gründen: Wer sich dafür heute nicht interessiert, muss morgen mit den Konsequenzen leben, die er nicht gewollt hat. Die eigenen Lebensverhältnisse sind eben nicht nur die der Familie und des Hauses, sondern auch die des Kontinents und darüber hinaus.

Vieles kommt darauf an, diese Verhältnisse zu kennen, schon im Kleinen und Privaten. Selbstverständlich aus rein humanitären Gründen, das klingt immer gut. Ganz selbstlos aber muss die Privatpolitik der Lebenskunst nicht sein: Mögen sich in Westeuropa zwar bisweilen einige fragen, was denn noch alles in die Nachfolgerepubliken des ehemaligen Jugoslawien investiert werden soll. Spätestens dann jedoch, wenn am fraglichen Ort schöne Urlaubstage zu verbringen sind, werden keine Fragen mehr offen sein.

41 | Ökologische Lebenskunst

Diese Bilder dringen tief in uns ein: Zu sehen, wie mitten in einem modernen Land die Häuser von Fluten mitgerissen werden; zu wissen, dass ein andermal das eigene Haus dabei sein kann. Spätestens jetzt kommt jedem zu Bewusstsein: Das menschliche Leben steht nicht auf eigenen Füßen, es ist vielmehr eingebettet in ökologische Zusammenhänge, im Guten wie im Schlechten. Lebenskunst heißt, sich dessen bewusst zu sein und das Leben entsprechend auszurichten.

Eine ökologische Ausrichtung des Lebens muss nicht von anderen und schon gar nicht, bis auf weiteres, vom »Staat« erwartet werden; sie ist unsere eigene Angelegenheit. Etwa indem wir aufmerksamer als bisher die alltäglichen Gewohnheiten durchforsten. Viele von ihnen sind ökologisch bedeutsam, beispielsweise der gewohnheitsmäßige Griff zum Lichtschalter, wenn es abends dunkler wird. Werden alle diese Lichter wirklich gebraucht? Und wo bleibt die Gewohnheit, die Lichter wieder zu löschen, die nicht mehr gebraucht werden?

Eigenartig genug, dass viele Menschen sich für die Höhe ihrer Stromrechnung wenig interessieren, noch eigenartiger, dass sie kaum je danach fragen, woher ihr Strom eigentlich stammt – zu einem guten Teil nämlich aus Kraftwerken, die Kohle, Öl oder Gas verbrennen; außer Strom wird dabei auch Kohlendioxyd erzeugt, das an einer möglichen Klimaveränderung wesentlich beteiligt ist. Bis ein größerer Teil der Elektrizität aus erneuerbaren Energien gewonnen wird, wäre mit etwas Einsparen schon viel erreicht.

Man muss keine Norm daraus machen, es liegt an jedem selbst, ökologisch ein Leben der Besonnenheit zu führen. Besonnen ist ein Leben des richtigen Maßes, und hier insbesondere des Maßes im Umgang mit Ressourcen und Techniken, das ökologisch verträglich ist. Vollkommen ökologisch wird das menschliche Leben nie sein können – die Frage ist nur, ob menschliche Eingriffe in einem Maß zu halten sind, das von Zusammenhängen der Natur verkraftet werden kann.

Veränderte Gewohnheiten und Verhaltensweisen können zu unserer »zweiten Natur« werden, niemand kann uns daran hindern, keine Politik und keine Ökonomie. Kann ja sein, dass dies letztlich nichts nützt, dass es schon zu spät ist. Problematischer als diese Möglichkeit ist jedoch, abends vor dem Fernsehgerät zu sitzen und nur zuzusehen.

42 | Das Leben ist eben so

Verzweiflung wäre ein zu starkes Wort. Eine echte Großstädterin ist zu abgebrüht, um verzweifelt zu sein. Aber ohne Hoffnung, ja, das ist sie schon. Das ist insofern erstaunlich, als sich unter dem hübschen Blümchenkleid, das die schlanke Gestalt umflattert, deutlich eine Wölbung in Bauchhöhe abzeichnet: Mareike ist »guter Hoffnung«, wie man gewöhnlich sagen würde. Fünfter Monat. Die junge Frau aber schaut verdrießlich drein, denn sie kann sich das alles nicht so recht erklären. Was hat sie denn schon gemacht! Es war eben eine von vielen Begegnungen, und von Vorsichtsmaßnahmen hat sie noch nie etwas gehalten, das wäre doch »kein echtes Gefühl«.

Wenn das jetzt so weitergeht, sagt sie mit leerem Blick … Sie wolle noch abwarten, bis sie dreißig oder zweiunddreißig geworden ist, das seien noch ein paar Jahre, und wenn das dann nicht anders geworden ist, dann lasse sie sich eben sterilisieren. Es klingt fast wie eine Drohung. Aber gegen wen? Gegen das Schicksal? Neben ihr sitzt ihre dreijährige Tochter und spielt versonnen mit ihrer Puppe. Jeden Tag sitzen die beiden hier, von früh bis spät, drinnen oder draußen. Es ist ihre Stammkneipe, ihr Lebensort. Auch mitten in der Stadt ist die Welt nur ein Dorf. Hier lässt sich das Leben aushalten, mit all den Freunden und Bekannten, und manchmal kommt sogar ein Fremder vorbei.

Natürlich, es gäbe eine einfache Lösung. Aber auf Männer zu verzichten, das kann Mareike sich nicht vorstellen. Das Problem ist nur, dass sie nicht bleiben. Immer nur ein paar Nächte oder so. Es ist wie ein Naturereignis, sie kommen und gehen, wann sie wollen, und ohne Ankündigung. Und dann muss man mit den Folgen klarkommen. Mareike redet nicht von Ungerechtigkeit, diese Kategorien sind nicht die ihren: Ebenso gut könnte jemand auf die Idee kommen, den Wassermassen eines sommerlichen Gewitters mangelnden Gerechtigkeitssinn vorzuwerfen, sich so willkürlich über die Landschaft zu ergießen. Das Wasser stürzt einfach herab. Das Leben ist eben so.

Wie soll es nun weitergehen? Die junge Frau ist erstaunt über die Frage. Es ist doch klar, wie es weitergeht. Sie bringt das Kind zur Welt. Es wird neben ihr in der Stamm-kneipe sitzen und versonnen spielen. Vielleicht kommt ja noch eins dazu. Es wird alles so weitergehen wie bisher. Auch auf diese Weise ist es möglich, sich im Leben einzu-richten. Das Leben ist ein langer, ruhiger Fluss.

43 | Tanzen lernen

Tanzen, sagt der Tanzlehrer, ist ganz einfach: Man hebt mal das eine, mal das andere Bein, aber möglichst nie bei-de Beine zugleich. Eindrucksvoll! Dann kann's ja gleich losgehen.

Wer tanzen lernt, macht freilich zuerst Bekanntschaft mit der Schwerkraft: Sie zerrt an allem. Sie behindert alles. Die Beine fühlen sich schwer an, wer weiß, was alles in sie hinabgesunken ist, welche Gewichte aus der Seele in den Körper rutschten. So wird der Tanz zum Machtkampf gegen Schwere und Schwerkraft. Zuerst zuckt der Körper nur etwas unkontrolliert, bald aber wiegen sich die Glie-der im Takt, bis sie mit der Schwere zu spielen verstehen. Für einen Moment gelingt es, aus dem erdenschweren Da-sein sich emporzuheben zur Leichtigkeit des Seins.

Wo befindet sich jetzt gerade welcher Körperteil? Dem Tanz verdanken wir die gesteigerte Aufmerksamkeit auf uns selbst. Und was ist mit der Aufmerksamkeit auf an-dere? Die wächst mit dem Aufschrei derer, denen wir auf die Füße treten. Jede und jeder beginnt sich im Rhythmus immer mehr zu spüren und in Relation zu anderen zu erfahren, sich gar aufgehoben zu fühlen im Zusammen-schwingen mit ihnen. Aus sich herauszugehen, die gewohnten Grenzen des Selbst zu überschreiten: Was für eine wohltuende Verausgabung des Selbst, auch wenn die Beine schmerzen; was für ein glückliches Gefühl der Weite und der Erfüllung!

Anmut, Leichtigkeit, Freiheit, Schönheit: Das ist der Tanz. Der gemeinsame Tanz wird zur Kunst der Berührung, daher die Freude so vieler Tänzer am Tangieren des anderen, am *Tango*, lateinisch für: »ich berühre, ich betaste, ich fasse an«. Tanzend lässt sich die Formel fürs Menschsein realisieren: *Tango ergo sum* – ich berühre, also bin ich. Durch die Berührung anderer werde ich selbst wiederum berührt.

In der Balance des Körpers findet auch die Seele ihr Gleichgewicht. Zuletzt aber erfasst die Bewegung noch das Gehirn, und die Gedanken beginnen zu tanzen. Der Geist, der nicht mehr angestrengt denkt, sondern Erholung genießt, hat vom Tanz den größten Gewinn. Das ist wohl auch der Grund dafür, dass ein Philosoph wie Nietzsche so versessen darauf war, tanzen zu lernen. Sein einziger Fehler war vielleicht, gleich im Geist damit zu beginnen. Dabei ist es doch so einfach: Mal das linke, mal das rechte Bein. Nur der, der beide zugleich hebt, verliert gänzlich den Boden unter den Füßen.

44 | Koffer packen, endlich!

Endlich ist es soweit: Sie können Ihre Koffer packen! Verheißungsvoll ist dieser Moment allerdings nur, weil jetzt der Urlaub lockt. Der Urlaub ist ein Traum, Koffer zu packen ein Alptraum. Aber wie so oft im Leben verlangt der Genuss Ihnen ab, auch den Verdruss in Kauf zu nehmen. Da müssen Sie jetzt durch. Vielleicht fällt es Ihnen leichter, wenn Sie sich sagen, dass das Kofferpacken eigentlich eine philosophische Tätigkeit ist. Wie in der Philosophie geht es um die Frage: Was ist wirklich wichtig, was ist wesentlich? Und es geht dabei nicht um irgendetwas, es geht um Ihr Leben, um Sie selbst.

Was Sie im Kern bestimmen soll, das soll nun in den Koffer rein; was peripher ist, das kann zu Hause bleiben. So sortieren Sie sich selbst, während Sie die Dinge sortieren; eine gute Übung, für die die Gelegenheit jetzt günstig ist. Also die Zahnbürste, keine Frage. Aber dann? Die Unterwäsche – die bequeme oder die reizvolle? Man weiß ja nie im Urlaub ... Die Kleidung: Was ist wirklich schön? Welches Hemd, welches Kleid? Am besten, Sie nehmen ein paar Varianten mit. Und was würden Sie gerne tun, wozu Sie sonst nie Zeit haben? Spiele machen mit den Kindern, also packen Sie zwei oder drei ein. Unbedingt auch mal wieder ein Buch lesen, aber welches? Sie können sich partout nicht entscheiden, also nehmen Sie die vier oder fünf mit, die in die engere Wahl kommen.

Unbedingt wäre auch mal ein wenig Sport zu treiben, also muss die Grundausrüstung noch Platz finden, mit der Sie sich vor Jahren schon mal ausgestattet haben. Rückfragen an sich selbst bleiben nicht aus: Brauche ich das wirklich?

Argumente dafür und dagegen werden im Inneren hin und her erwogen, ein quälender Prozess. Was wollen Sie zurücklassen? Die unangenehmen Erfahrungen der jüngsten Zeit, diesen und jenen Streit, die eigene Unduldsamkeit. Und ebenfalls im Inneren werden Sie sich klarer darüber, welche Träume mitreisen dürfen, denn all der Aufwand soll sich ja auch lohnen.

Es endet, wie es in der Philosophie auch immer endet: Man packt alles rein, was nur irgendwie Platz hat, also zu viel. Dann ruft man nach Hilfe. Einer setzt sich drauf, und der andere zieht mit Ach und Krach den Reißverschluss zu. Jetzt sieht alles ein wenig prall aus, aber immerhin schön abgepackt. Der Koffer zu und alle Fragen offen. Es kann losgehen.

45 | Genießen Sie Ihren Urlaub

Endlich Urlaub, das haben Sie sich wahrlich verdient. Und wie anders die Welt von dort aus nun aussieht! Eine Einübung in den Blick von außen bringt der Urlaub immer mit sich: Ein Teil Ihrer selbst bleibt im alltäglichen Leben zurück und lässt sich nun wie von außen betrachten. Gewöhnlich ist dieser Blick auf sich selbst sehr abstrakt, jetzt aber, in der Ferne, wird er konkret erfahrbar. So lässt sich aus dem Urlaub etwas machen, wenn er sich schon nicht vermeiden lässt ...

Denn eigentlich handelt es sich dabei um eine merkwürdige Anomalie im modernen Leben. Wie merkwürdig der »Urlaub« ist, wird sofort klar, wenn Sie sich mal einen Sioux-Indianer vorstellen, der während der Jagd plötzlich auf die Uhr sieht, Pfeil und Bogen beiseite legt und seinen Kollegen verkündet, die Arbeitszeit sei abgelaufen, er werde jetzt mal »ein paar Tage ausspannen«. In moderner Zeit ist der Urlaub unverzichtbar geworden: Der immense Verschleiß an Arbeitskraft erzwingt eine regelmäßige Erholung. Was sich daraus entwickelt hat, ist die Möglichkeit, für begrenzte Zeit aus dem modernen Leben »auszutreten«, zuweilen sogar auszutreten aus jeglicher Kultur; anders sind jedenfalls manche Erscheinungsformen des Urlaubs nicht zu erklären.

Aber der Urlaub übernimmt auch die Funktion, den Traum vom Glück in der Moderne einzulösen: die Mühsal des Lebens einmal abzuschütteln und wenigstens zeitweilig »das größte Glück der größten Zahl« zu realisieren. Jetzt endlich ist es so weit, jetzt im Urlaub! Wie schade, dass es ausgerechnet jetzt für viele ganz anders kommt: Mit dem Ortswechsel bricht das haltende Umfeld weg, das Nichts ist zu erfahren anstelle von Vertrautheit und Geborgenheit. Streit bricht aus zwischen zweien, die sonst keine Zeit dafür haben. Die gewohnte Anspannung bricht plötzlich ab, anstelle des Lärms muss man sich der Stille erwehren.

Blauer Himmel, weißer Sand, blaugrünes Wasser Tag für Tag: Kein Mensch hält es im Paradies lange aus, und so wird doch nur wieder Langeweile und Aktivismus daraus. Wichtig wäre, diese Probleme vorweg zu kennen, um nicht völlig in ihnen unterzugehen. Am besten, man wählt den Urlaubsort sorgfältig aus. Wo denn der Autor dieser Zeilen Urlaub macht, wollen Sie wissen? Ganz einfach: zu Hause, inmitten der Stadt. Hier ist es so herrlich friedlich, wenn alle im Urlaub sind.

Ach, wie war das schön! Jeden Morgen derselbe Weg. Jeden Morgen dieselbe Vorfreude auf das kleine Schlückchen Kaffee. Jeden Morgen derselbe Platz im Freien unter hohen Platanen am plätschernden Brunnen. Ja, ganz wie bei Epikur, wenngleich nur auf Plastikstühlen neben einem überdimensionalen Blumentopf. Das Sonnenlicht brach sich Bahn durch das Blätterdach, der Wind wirbelte die ersten fallenden Blätter auf. Stets dieselbe Bestellung, stets dasselbe Lächeln der Kellnerin.

Aber heute morgen: Der Platz ist besetzt! *Mein* Platz, welche Unverschämtheit! Alles ist durcheinander, mein Tag, mein ganzes Leben. Was jetzt? Wie soll das Leben weitergehen? Nein, ein anderer Platz kommt nicht in Frage, nicht im Traum. Warum kann nie etwas absolut zuverlässig sein! Warum kommt immer irgendetwas dazwischen! Neulich schon, da war es meine eigene Laune, die mir dazwischenfuhr; auch schon mal die Laune der Kellnerin. Es ist mir sogar passiert, dass der Kaffee nicht schmeckte wie sonst. Und erst die Bauarbeiten, dieser nervtötende Presslufthammer!

Aber jetzt? Jetzt kommt es auf die wirkliche Lebenskunst an. Denn Lebenskunst ist nicht nur die Einrichtung des Lebens, sondern, wenn es eingerichtet ist, auch noch die Bewältigung der Irritationen, die nicht zu vermeiden sind. Die eigentliche Herausforderung ist immer das Leben, und das Leben ist nicht immer dasselbe. Erheblich größere Irritationen sind noch zu meistern: Was soll werden, wenn die kleineren mich schon überfordern? Wäre ich nur eine Frau: Frauen, so habe ich beobachtet, können mit Irritationen besser umgehen als Männer. Umso größer soll nun der Ansporn sein.

Also: Was liegt an diesem Café! Ich beharre nicht auf meiner kleinen Gewohnheit, sondern wage den Seitensprung. Mag es zunächst auch nur ein zielloses Umherirren sein, so ist es doch geleitet von der Gewissheit, dass noch andere Horizonte sich auftun, dass das Leben noch andere Ecken bereithält als die mir schon bekannten. Horizonterweiterung! Die Schwankungsbreite vergrößern, innerhalb derer ich durchs Leben wanke! Und siehe da, was ist das? Ein wunderhübsches Straßencafé, das ich noch nie wahrgenommen habe, mit vertrauenerweckenden Plastikstühlen neben einem überdimensionalen Blumentopf. Hier lasse ich mich nieder, hier will ich zu Hause sein. Jedenfalls bis auf weiteres.

47 | Lob der Langeweile

Ist Ihnen langweilig? Trösten Sie sich. Jeden kann die Langeweile einholen, jederzeit, beim Warten an der Bushaltestelle, beim Alleinsein zu Hause, in der Schule, mitten im Konzert, am Arbeitsplatz, beim Freizeitvergnügen. Manche streckt sie sogar nieder, wenn sie miteinander im Bett liegen. Ein Film vertreibt für zwei, drei Stunden die Zeit, aber was dann? Die Ausmaße, die die Event-Kultur gewonnen hat, vermitteln einen zuverlässigen Eindruck, wie gefürchtet die Langeweile sein muss. Fatalerweise wird sie umso gravierender, je intensiver die Erlebnisse sind, die sie töten sollen.

Einst war sie dem Leben der aristokratischen Müßiggänger vorbehalten, in moderner Zeit aber ist ein Massen-phänomen daraus geworden. Vielleicht ist dies ein unan-genehmer Preis für die wachsenden Annehmlichkeiten des Lebens, nicht zu vermeiden in einer Gesellschaft, in der für das Lebensnotwendige gesorgt ist, sodass die existenzielle Spannung abflaut. Für viele gewinnt die Lange-weile sogar eine metaphysische Dimension und wird zur Empfindung der Nichtigkeit des Daseins und der gesamten Welt.

Wo wäre da ein Grund für das Lob der Langeweile? Aber die Langeweile ist unerlässlich als Quelle der Inspiration. Gerade weil sie ein Vakuum bildet, strömt vieles in sie ein: ungedachte Gedanken, unvorhergesehene Begeg-nungen, überraschende Erfahrungen, neue Vorstellungen, kühne Ideen, Verknüpfungen, Zusammenhänge, die un-versehens »Sinn machen«. Und all das, was lange und lang-sam einströmt in die Leere, quillt schließlich unver-mutet aus ihr wieder hervor. Voraussetzung dafür ist nur, die Leere wirklich leer zu halten, sie nicht voreilig und vorzeitig zu füllen mit schon Bekanntem, mit Ablenkung und mit all den Angeboten der Langeweiletötungsindu-strie.

Halten Sie nur die Langeweile ein wenig aus, ja, genießen Sie den Zustand, um ihn produktiv zu wenden. Aus der ungewollten Langeweile eine gewollte zu machen heißt, die lange Weile der Muße zu gewinnen: lange verweilen zu können an einem Ort, bei einem Menschen, einer Sa-che, einem Gedanken – auch bei einem Nichts. Dann wird das Nachdenken und Vorausdenken möglich, das die Grundlage aller Lebenskunst ist. Die Langeweile aus-sitzen: das führt dazu, dass sie sich von selbst in Nachdenklichkeit verwandelt. Etwas anderes, als darauf zu hoffen, bleibt uns ohnehin nicht übrig.

48 | Rückkehr in die Heimat

Der Urlaub liegt hinter Ihnen. Das Flugzeug setzt zur Landung an. Vielleicht freuen Sie sich ja nicht besonders auf den alten Alltagstrott. Vielleicht sind Sie jedoch auch froh, aus der Fremde in die Vertrautheit zurückzukehren. Hier können Sie die Dinge des alltäglichen Lebens, die Begegnungen, die Erfahrungen wieder besser einschätzen. Heimat ist dort, wo Sie sich auskennen, wo Sie die Bedeutungen der Dinge verstehen, auch die unausgesprochenen. Wo Sie sich nicht unentwegt abmühen müssen, etwas richtig zu interpretieren, um doch nur wieder das Wichtigste zu übersehen, ewige Vergeblichkeit.

Was bedeutet ein Lächeln? Ist es ernst gemeint, oder ist es eine Falle der Freundlichkeit, in die Sie tappen? Gleich wird Ihnen wieder etwas angedreht, was Sie nie haben wollten. Was bedeutet ein Stirnrunzeln? Ist es ironisch gemeint, oder kündigt es Unheil an? Was bedeutet es, wenn jemand nichts sagt? Ist es als Zustimmung oder Ablehnung, als Misstrauen oder Wohlwollen zu interpretieren? Was wird hier gespielt? Das sind die Situationen, mit denen immer zurechtzukommen ist, die in der Fremde jedoch nicht so treffsicher zu deuten sind wie zu Hause. Heimat ist dort, wo Sie auch »zwischen den Zeilen« lesen können.

In erster Linie ist die Heimat also eine »hermeneutische«,

Hermeneutik als Kunst der Deutung und Interpretation verstanden. Das macht die Vertrautheit und Geborgenheit der Heimat aus, die im selben Vollmaß kaum je andernorts zu erreichen ist. Über viele Jahre erst wächst ein Mensch hinein in all die Usancen und Nuancen der Deutung und Bedeutung des Lebens und Verhaltens, der Blicke und Gesten, des Redens und Schweigens, der Bilder und Zeichen. Alles, was »Heimat« heißt, ist eine Funktion dieses hermeneutischen Grundes. Zu Hause bin ich dort, wo ich alles verstehen kann.

Nie ist das klarer zu erkennen als nach einer Zeit des Fernseins, in der sonst kaum etwas entbehrt worden ist – nur dies eine, das bei der Heimkehr klar vor Augen steht: Hier mehr als irgendwo sonst zu verstehen und umgekehrt auch verstanden zu werden. Kein absolutes Verständnis ist damit gemeint, einfach nur ein gewohntes, vertrauensvolles: Genießen Sie den beglückenden Moment, der alsbald im Alltag wieder untergeht. Bis dann die allzu große Gewohnheit und Vertrautheit wieder in die Sehnsucht nach Ferne und Fremde umschlägt.

49 | Auf dem Fußballplatz

Jetzt geht's los, endlich! Endlose Wochen waren wir uns selbst überlassen, jetzt dürfen wir wieder ins Stadion, was für ein erhebendes Gefühl! Getrübt durch den üblichen Frust an der Kasse, lange Schlangen für unverschämte Eintrittspreise. Aber das riesige Stadionrund empfängt uns, erfüllt von buntem Treiben und von lauten Tröten. Die sinnlose Existenz geht zu Ende, ein neues Leben beginnt, noch beim ersten Sturmlauf »unserer« Mannschaft glauben wir fest daran.

Wer spielt hier eigentlich gegen wen? »Die unseren« gegen »die anderen«. Aber Fußball wird nicht wirklich auf dem Rasen, sondern in der Brust jedes Einzelnen gespielt. Mitten in mir bilden verschiedene Organe und Gedanken, Muskeln und Gefühle Mannschaften, die gegeneinander antreten. Ich selbst stehe auf dem Feld, und die Akteure, die über den Platz rennen, rennen auch in mir. Natürlich will ich den Sieg über mich. Und je nachdem, wie es da unten und in mir steht, kommt es zu Herzbeschwerden und Kopfschmerzen, sogar zu einer durstigen Kehle, oder ich könnte hüpfen vor Freude.

Sieg über mich? Wer über wen? Die Seite soll siegen, in der ich mich gerne selbst erkenne, über jene, von der ich nichts wissen will. Daher die heißblütige Wut, der kalte Zorn, wenn es anders kommt. Das nackte Entsetzen macht sich breit, wenn die Tore auf der falschen Seite fallen. Eine verpasste Chance vor dem gegnerischen Tor, schon entfährt mir ein Schrei. Vor Begeisterung schlage ich mir bei einem schönen Spielzug auf die Schenkel, dass es kracht. Wenn es beim Rückstand bleibt, ist die Enttäuschung fürchterlich. Geht es Ihnen auch so? Der wahre Fußballplatz sind wir selbst. Bill Shankly, der ehemalige Trainer des FC Liverpool, hat es erkannt, als er sagte, dass es beim Fußball nicht um Leben oder Tod geht, sondern »um viel mehr«. Stimmt, es geht um uns selbst.

Heute aber wird es wohl so sein wie immer: Schon während der ersten Halbzeit beginnen wir zu ahnen, dass »das da unten« mal wieder nichts wird. Wir dachten, den entscheidenden Kick zu bekommen, verfallen dann aber

in die übliche Halbzeitdepression. Und wenn wir schließlich das Stadion verlassen, ist uns klar, dass wir das Leben
wieder selbst in die Hand nehmen müssen. Wer sonst,
wenn nicht wir! Wir müssen wieder selber ran, das ist
die bittere Erkenntnis, die Tragödie des Lebens. Jedes
Wochenende von Neuem.

50 | Mein Capri

Endlich sitze ich wieder an meinem Stammplatz direkt am
Ufer. Der blaue Himmel wölbt sich darüber. Das Wasser
funkelt tausendfach in der Sonne. Die Palmen, die Zypressen, der Blick vom bergan steigenden Weg aufs Wasser,
der himmlische Frieden: Alles ist da, was Capri so schön
macht. Aber zugegeben, dieses Capri liegt nicht unter
südlicher Sonne. Es liegt auch nicht am Meer. Und es ist
schon gar keine Insel. Die »Zypressen« sind eigentlich
schlank gewachsene Pappeln, nicht ganz so pittoresk wie
die Originale. Wo sind wir hier? In Kehrsiten am Vierwaldstätter See. Alle wollen mit der Zahnradbahn nach
oben, nach Bürgenstock. Ich nicht, ich richte mich hier
unten häuslich ein.

»Bitte räumen Sie die Tische ab.« So steht es auf den rustikalen Gestellen. Dafür sagt die Wirtin auch schriftlich
»Danke« und hat, ein Herz von einer Dame, daneben noch
ein Herzchen gemalt. Sie steht persönlich hinter dem Tre-
sen. Vielleicht geht alles ein bisschen langsam, aber man
bedient sich eben selbst und sitzt, solange man will, unter
hohen Bäumen am Uferquai. Sogar an die geistige Grundversorgung ist gedacht: Durch eine Ramschkiste mit preis-

werten Büchern wird sie sichergestellt. Wenn Sie wollen, können Sie aber auch eine Kalbsbratwurst essen, das reicht für die leibliche Grundversorgung aus; für höhere Bedürfnisse sind dann die höher gelegenen Gaststätten zuständig, die in großen Blumenkübeln auch die Palmen aufgestellt haben.

Stundenlang blicke ich übers Wasser und nippe an einer Tasse Kaffee. Die Caprifischer, äh, die Angler in ihren Motorbooten gehen schweigsam ihrem Sport nach, und der auf- und niederschwebende Ballon des Verkehrshauses der Schweiz grüßt vom fernen Luzern. Das Wasser ist so kristallklar, die Luft so schmeichelnd mild wie am Mittelmeer. Ein göttlicher Ort, mein Capri: Hier kann ich glücklich sein. Und die Schiffsfahrkarte von Luzern aus, die Sie für dieses Capri unbedingt brauchen, ist noch billiger als ein Billigflugticket nach Neapel, jedenfalls mit Halbpreisabo.

Sie tragen sich mit Reiseplänen? Warten Sie nicht zu lange! Anfang Oktober wird der Schiffsverkehr für Herbst und Winter eingestellt. Dann ist auf Capri tote Hose. Sollten Sie aber momentan keine Zeit dafür finden, dann müssen Sie dennoch nicht untröstlich sein: Capri ist überall. Es ist nur eine Frage der Vorstellung.

Herbstliche Gedanken:
Wenn die Traurigkeit kommt

51 | Wer jetzt kein Haus hat

»Herr, es ist Zeit. Der Sommer war sehr groß«. Rainer Maria Rilke hatte wohl den Sommer des Jahres 2003 im Blick, als er die berühmte erste Zeile seines Gedichtes »Herbsttag« schrieb. Aber ist nicht jeder Tag im Herbst von selbst schon ein Gedicht? Das Rascheln der Blätter bei jedem Schritt. Die Bäume, von denen einige schon kahl stehen, andere umso herrlicher leuchten in voller herbstlicher Pracht. Goldbraun ist die Farbe des Herbstes: Gold für den Zustand reicher Fülle, Braun für den der Reife. Reiche, reife Fülle also, wie sie nur übers Jahr zu erreichen ist. Ähnlich wie die Fülle des Lebens, für die ein langer Weg zurückzulegen ist.

»Befiehl den letzten Früchten voll zu sein«. Eine Frucht des Herbstes, hervorgetrieben von der Schönheit der Vergänglichkeit, ist das Nachdenken über das Leben. Der Herbst ist die Zeit für den Blick zurück, auf dieses Jahr, auf das gesamte bisherige Leben. Es ist die Zeit der Melancholie, in der vergessene Gerüche, gelebte Geschichten wieder aufleben. Zeit auch, um ruhiger zu werden und in sich zu gehen: Gegenbewegung zum Aus-sich-Herausgehen im Frühling. Herbst, das ist das tiefe Empfinden, das den Kreislauf der ewigen Wiederkehr erahnt, der vielleicht aller Existenz zugrunde liegt: Dass es keine wirkliche Vergänglichkeit gibt. Dass die Blätter, die fallen, der Humus für die Blüten des Frühlings sind. Dass es schön und doch so schmerzlich ist, dem Vergehen ins Gesicht zu sehen.

»Wer jetzt kein Haus hat, baut sich keines mehr«. Glücklich, meint Rilke, schätze sich, wer jetzt in sich selbst zu Hause ist: Er kann am inneren Kaminfeuer sich wärmen, von schützenden Wänden umgeben, gut vorbereitet auf die kommenden, kühleren Zeiten. Und doch wird er mehr als sonst seine Verlorenheit fühlen und nach den Armen eines anderen sich sehnen, in die er sich retten kann für einen Moment. Glücklich daher, wer jetzt nicht allein ist: Er rückt näher an den Anderen heran, schlüpft in ihn hinein, um die Geborgenheit zu spüren, die den wohligen Kontrast zur Verlorenheit bildet.

»Wer jetzt allein ist, wird es lange bleiben«. Eine Verheißung ist das nicht. Ob es aber so kommt, darüber befindet nicht der Dichter. Sondern derjenige, der jetzt noch zum Dichter des eigenen Lebens wird und sich um die Romanze bemüht, die zwei Seelen zu wärmen vermag in der kälter werdenden Welt.

52 | Den Morgen riechen

Mein erster Gang am Morgen führt zum Fenster. Weit öffne ich die Fensterflügel, beuge mich ein wenig hinaus und atme tief ein. Die Morgenluft ist ein Kind der Nacht: Wenn alle schlafen, streicht sie über taufrische Felder und atmende Wälder. Ungestört von Auspuffgasen und Abluftkanälen zieht sie heran, abhängig von der Luftströmung. Spätestens zur Mittagszeit hat sie sich buchstäblich in Luft aufgelöst.

Und wie riecht dieser Morgen? Wie ein Pferd blähe ich die Nüstern, wie ein Süchtiger ziehe ich den Luftstrom tief in die Lunge. Der erste Eindruck ist der stärkste, mit dem zweiten und dritten beginnt schon die Gewöhnung. Wie ein Trunkener bin ich etwas benebelt, berauscht von dem noch jungen Tag, wenn die Luft »gut« ist, ernüchtert, wenn sie »schlecht« ist. Um sie zu riechen, muss sie durch die Nase, aber das wahre Riechorgan scheint die Lunge zu sein, denn von wohlriechender Luft kann sie nicht genug kriegen, und ich muss die Geduld aufbringen, sie mit tiefen Atemzügen zu befriedigen. Bei übelriechender Luft aber geht sie von selbst dazu über, flach zu atmen, und ich kann das Fenster gleich wieder schließen.

Manchmal riecht die Luft anheimelnd angeräuchert, geschwängert vom Rauch aus irgendwelchen Kaminen. Manchmal ist sie angesäuert vom hohen Ozongehalt und beißt in den Nasenwänden. Es kommt vor, bei irgendwelcher Windrichtung, irgendwelchem Luftdruck, dass von einer fernen Kläranlage etwas Gülle in die Nase sticht. Ein Geschenk ist dagegen die würzige Luft, die einen Hauch von frisch geschnittenem Gras mit sich führt. Und von dem durchdringend frischen Duft, ich weiß nicht woher, von nahen Kiefernwäldern oder von fernen Kräutern des Südens kostet die Nase jedes Molekül einzeln. Das ist die Kunst des Riechens, olfaktorische Übung der Lebenskunst.

So rieche ich mich durch die Jahreszeiten: Die eiskalte Luft, die an den Nasenflügeln kleben bleibt. Den süßlichen Duft blühender Rapsfelder. Den betörenden Geruch der Kornfelder. Den erdigen Hauch jetzt in der Zeit, in der die Blätter fallen. Den Morgen riechen: So lässt sich der Sphäre Tribut zollen, die uns leben lässt. Nur eine kleine Aufmerksamkeit, um »Danke« zu sagen. Aber nicht zu überschwänglich, denn letzten Endes, nicht zu vergessen, führt die Oxydation des Körpers, diese fortgesetzte Reaktion mit Sauerstoff, zum Tod. Das ist eben Leben.

53 | Baden gehen

Es duftet nach Eukalyptus, vermischt mit Zitrus und Fichte. Wo bin ich? Jedenfalls dem Stress entflohen. Jetzt ist Wochenende, Zeit der Ruhe und Entspannung. Wo könnte das schöner sein als in einem Bad? Herrlich, sich ins Wasser zu legen, das Wasser um sich herum zu spüren, das uralte Element, aus dem wir Menschen einst gekommen sind und in dem wir uns zu Hause fühlen.

Mein Bad hier ist kein lautes, lärmendes »Spaßbad«. Kein Schnickschnack, um das Wasser »aufzumotzen«, es zu inszenieren und zu dramatisieren. Nein, hier ist die Sakralisierung des Wassers neu erfunden worden, hoch oben in Graubünden, in Vals (sprich: *Fals*), an einem der Quellbäche des Rheins, dem Valserrhein. Wohin wir auch blicken: Wir sehen Entrückung und Verzückung in den hohen, widerhallenden Räumen. Paare sinken einander in die Arme, sie können nicht anders. Über die Lippen dringt ein »Schön, so herrlich schön.« Gemeint ist das Thermalbad inmitten herbstlicher Farben. Die Glocken im nahen Dorf läuten den Sonntag ein.

Der Ehrfurcht vor dem Element ist hier ein Haus gebaut worden, ein ideales Ineinander von Architektur und Natur. Ergriffen streichen Menschen über den dunklen, grünlichen Stein, Gneis aus dem Tal unten, mit dessen aufeinander geschichteten Platten das Bad errichtet worden ist, gestützt von nacktem Beton. So selbstverständlich wie die schiefergedeckten Bündner Häuser, anders als die zugehörigen Hotelhochbauten, fügt es sich in die Landschaft ein. Die kompromisslos rechtwinklige Architektur eröffnet Perspektiven, wie mit dem Skalpell ausgeschnitten; die reduzierte, sorgfältig durchdachte Technik ist ganz auf Nachhaltigkeit ausgerichtet: Architektur einer anderen Moderne, von Peter Zumthor.

Nur Minuten ist es auszuhalten in der Höhle mit dem heißen Wasser, noch weniger gegenüber im eiskalten Becken, länger in der »Blauen Halle«. Herrlich aber ist es, hinauszugehen in die kühle Luft und einzutauchen ins warme Außenbecken. Und am herrlichsten sind die Dampfbäder, Grabkammern ähnlich, mit schwarzen Schwitzsteinen wie Sarkophagen und tanzenden Dampfschwaden im Lichtstrahl von oben. Hier herrscht dieser schwere Duft. Hier, in dieser existenziellen Reduktion, lässt sich nachdenken über das Leben, über Selbst und Welt. Wenigstens für ein paar Minuten, dann kommen wieder Leute, die unbedingt ihre privaten und geschäftlichen Gespräche auch hier noch fortsetzen müssen. Aber wir ahnen schon: Auch in den realen Gräbern wird das nicht zu umgehen sein.

Wie war es, als Sie heute morgen in den Spiegel schauten?
Wer blickte Ihnen da entgegen? Kannten Sie den oder die?
Ich weiß, das ist ein abgedroschener Scherz, aber wie so oft
bei solchen Dingen ist ja auch was Wahres dran. Merkwürdig ist es schon, eine erschreckende Erfahrung sogar:
fremd zu sein für sich selbst, gänzlich fremd. Vielleicht
weil die tiefen Ringe unter den Augen auf Abgründe ver-
weisen, von denen wir nichts wissen wollen, ohne sie im
Moment der Besinnung völlig leugnen zu können.

Morgens mit dem Blick in den Spiegel beginnt der Ernst
des Lebens. Dieser Blick ist der Augenblick der Wahrheit.
Eine alltägliche Erfahrung, Sie haben es heute morgen er-
lebt, ich auch, wie schon so manches Mal: Wer ist das eigentlich, der uns da entgegen blickt? Dieses verquollene,
faltendurchfurchte, fleckige Gesicht, das soll »ich« sein?
Ich? Nicht möglich, dieses »Ich« ist dort, ich aber bin hier;
das »Ich« dort kann keineswegs das wahre sein.

Zwei Ichs: Das eine, wie wir es uns im Denken vorstellen,
wie es aber mit dem Bild im Spiegel nicht übereinstimmt.
Das andere, wie wir wirklich sind, wie es jedenfalls im
Spiegel erscheint. Welches ist das wahre Ich? Der innere
Zwiespalt ist nicht mehr zu vermeiden. Der Blick in den
Spiegel ist wie ein Blick von außen auf sich selbst, eigentlich eine gute Voraussetzung für das Nachdenken über
sich, bei dem das eine, gedachte Ich sich auf das andere
Ich der wirklichen Erscheinung wendet: Das ist die Merk-
würdigkeit der Selbstbeziehung, wie sie wohl nur Men-
schen eigen ist.

Klingt schwierig. Besteht die Lebenskunst nicht darin, das

Leben leichter zu machen? O doch, ab und zu kann das nicht schaden. Heute zum Beispiel: Heute soll der Spiegel im Badezimmer unbeachtet an der Wand hängen bleiben. Wahrscheinlich ist er ungünstig angebracht, das Licht ist viel zu grell. Am besten, wir gehen zum Frühstücken ins Café, und erst dort, beim Waschbecken im Toilettenraum, werfen wir einen Blick auf uns. Da ist ein Spiegel, der uns gut aussehen lässt, gesunde Gesichtsfarbe, faltenfreie Haut – oder ist das etwa nur der Effekt eines getönten Spiegelglases? Auch das Licht ist beispielhaft arrangiert: Sie glauben gar nicht, wie gut das tut. Es funktioniert, zumindest für heute. Und wenn morgen wieder die Stunde der Wahrheit schlägt, sind wir immerhin einen Tag reifer.

55 | Erkenne dich selbst!

»Ich«, so sagen wir oft, Sie und ich. Aber was heißt das? Was meinen wir damit? Offenkundig eine ganze Welt. Manchmal will es sogar so scheinen, als sei die einzige Welt damit zum Ausdruck gebracht. Es fällt schwer, sich vorzustellen, dass andere ihrerseits mit ihrem »Ich« die Welt für sich in Anspruch nehmen. Wenn sie das tun (und das tun sie reichlich), dann ist es ein Grund, ihnen Egoismus vorzuwerfen, von dem wir selbst grundsätzlich frei sind, nicht wahr? »Ich«, das bin immer ich, egoistisch sind nur die anderen.

»Erkenne dich selbst« hieß es einst über dem Eingang zum Tempel des Gottes Apollo im antiken Delphi. Wollte ein »Ich« zu Gott kommen, so sollte es sich zuerst mit sich selbst befassen. Das ließ sich als Aufforderung verstehen,

sich gleichsam wie von außen zu sehen, um über sich nachzudenken und auf diese Weise zu »erkennen«. Aber das
scheint nicht so ohne weiteres möglich zu sein. Das »Erkenne dich selbst« hat sich sogar als dermaßen rätselhaft
entpuppt, dass es bis heute durch die gesamte Geschichte
nachhallt: Unzählbar die Interpretationen, die es nach sich
gezogen hat. Das liegt vermutlich daran, dass es dabei um
das Selbstverständlichste und Unverständlichste geht, das
wir haben: uns selbst.

Vielleicht sind die Schwierigkeiten so groß geworden, weil
sich das Geheimnis der »Erkenntnis« als undurchdring-
lich erwiesen hat. Dabei ist hier sicher keine Erkenntnis
im modernen Sinne gemeint, lediglich ein wenig Kenntnis, Selbst*kenntnis* statt Selbst*erkenntnis*. »Erkenne dich
selbst« ist keine komplizierte, wissenschaftliche Forderung
nach Erkenntnis, sondern eher die einfache Aufforderung:
Erkenne, dass du ein Mensch bist. Das heißt: kein Gott.
Sterblich, nicht unsterblich. Gebrechlich, nicht unverletz-
lich. Fehlerhaft, nicht vollkommen. Ohnmächtig, nicht
allmächtig. Unwissend, nicht allwissend.

Anders formuliert: Erkenne die Bedingungen, die Möglichkeiten und Grenzen, mit denen du zu leben hast; nicht
nur du, sondern auch jeder andere. Das Ich wird auf diese
Weise in seinen Ansprüchen gemäßigt: Dies dürfte die
ursprüngliche Bedeutung des delphischen Spruches sein.
Diese Selbsterkenntnis führt nicht zu einem auftrumpfen-
den, eher zu einem demütigen Selbstverhältnis, zur Einsicht in die Schwäche, Kleinheit und manchmal auch Er-
bärmlichkeit des Ich. Ob wir damit leben können?

Der schreckliche Augenblick am Morgen: Wenn man es geschafft hat, den Oberkörper zu erheben, den Fuß aus dem Bett zu setzen und sich ins Bad zu schleppen. Dann der ersehnte Moment, der einzige, der das Selbst mit dieser Welt vielleicht noch versöhnen kann: Der Duschvorhang wird zur vertikalen Bettdecke, die den Zustand des Rückzugs von der Welt noch ein wenig verlängert. Jetzt den Vorhang vorziehen, um diesen kleinen Raum herzustellen, der die Intimität mit sich garantiert. Alle Welt muss draußen bleiben, selbst der Spiegel darf hier nicht zusehen, der uns eine unangenehme Wahrheit unserer selbst enthüllen könnte – aus guten Gründen gibt es in der Dusche keinen Spiegel. Dies ist nicht der Raum der anstrengenden Reflexion und Selbstreflexion, sondern der reinen Sinnlichkeit, des Daseins nur für sich, der zärtlichen Pflege seiner selbst ohne Reue.

Welch eine Wohltat, wenn aus dem Duschkopf das Wasser sprüht und über den Körper herabzurinnen beginnt. Sich ganz umhüllt zu fühlen vom warmen fließenden Nass. Es strömt und gurgelt und blubbert wie einst vielleicht im Mutterleib. Möchte doch diese warme Wasserwelt unter der Dusche ewig dauern, immerwährende Lust, angenehmes Leben *par excellence*. Man hilft nach, man zögert es hinaus, noch etwas waschen, noch etwas nachspülen, noch ein warmer Guss von oben – aber irgendwann ist es so weit, es lässt sich nie verhindern. Man bewegt den Hebel zurück, das Wasser versiegt, und dann der schreckliche Augenblick: Man öffnet, man kann nicht anders, den Vorhang wieder – und die ganze kalte Wirklichkeit des Tages dräut mit einem Mal herein, macht das Selbst erzittern und erbeben. Nach der wirklichen Dusche, unvermeidlich, die Wirklichkeitsdusche: Ontologie der Duschkabine.

Man kann gegensteuern und zum Abschluss kalt duschen – die kalte Dusche als beste Vorbereitung auf die Welt, wie sie ist; aber der Effekt bleibt der gleiche. Man kann den Effekt mildern, indem man sich anstelle einer von Plexiglas umschlossenen Duschkabine mit einem simplen Duschvorhang begnügt – dann weht schon während des Duschens ein Hauch von Wirklichkeit herein. Aber es ist auch nur das halbe Vergnügen: Wer alle Lust haben will, muss auch alle Schrecknisse der Wirklichkeit ertragen. Was ist Wirklichkeit? Das, womit wir fertig werden müssen. Was ist ein schönes Leben? Das Leben, das angenehme Erfahrungen bereit hält und uns die unangenehmen aushalten lässt. Alles nur eine Frage der Haltung. Auf in den Tag mit Heiterkeit.

57 | Keine Sorge

Kommen Sie mit, heute gehen wir endlich mal wieder ins Café! Nicht in irgendeines, selbstverständlich. Dieses Café heißt: »Mach dir keine Sorgen!« Es heißt wirklich so, und so fühlen wir uns auch. Durch die grün umrankten Fenster bricht das Sonnenlicht herein. Die Stühle, auf denen wir sitzen, sind zwar wackelig, aber die ganze Umgebung ist ein einziger Ausbund an Phantasie, je genauer man hinsieht: Der Stamm eines Strauches wächst nach oben durchs Dach. Die liebevoll gestickten Gardinen zeigen die Gesichter von Beethoven, Shakespeare, Tschechow. Selbst die Lampen sind noch aus irgendwelchen Gläsern und Schirmen aus bunt bemaltem Blech zusammengebastelt.

Alles wie in einer großen Puppenstube, und das ist kein Zufall: Wir befinden uns im Café des Puppentheaters von Reso Gabriadse in Tiflis, der Hauptstadt Georgiens. Plakate von den vielen Gastspielen in Westeuropa zieren die Wände. Die Fenster sind weit geöffnet, und von draußen dringt der Lärm der Altstadt, auch der Geruch von Schaschlik, georgisch *mzwadi*, frisch gegrillt. Es ist Sonntagmittag, eine der glorreichen Stunden, in denen die Welt so friedlich erscheint, als könnte sie nie anders sein. Kinder tragen ein Fladenbrot, das bis hierher duftet, von der Bäckerei nach Hause. Passanten bekreuzigen sich am Eingang der orthodoxen Kirche, vor der ein Priester mit dem Handy am Ohr steht. Schwarz gekleidete alte Frauen halten die Hand für ein paar Münzen auf. Ein Opa trägt seinen schlafenden Enkel auf dem Arm spazieren. Dazwischen bahnt sich ein dickes Auto mit dunkel getönten Fenstern den Weg.

Die Häuser der Altstadt mit ihren reich verzierten Holzveranden, typisch für die altgeorgische Architektur, wären eigentlich eine Augenweide. Aber sie sind in einem Maße dem Verfall preisgegeben, dass es zum Weinen ist. Und in all diesen verrotteten Häusern wohnen Menschen, meist arbeitslos. Georgien hat am Beginn des 21. Jahrhunderts eine Arbeitslosenquote von sechzig Prozent. Wer Rente bezieht, bekommt vielleicht zehn Euro monatlich. Können wir angesichts dessen noch ruhig im Café »Mach dir keine Sorgen!« sitzen?

Keine Sorge, natürlich geht es darum, für die Verbesserung dieser Verhältnisse zu arbeiten. Aber nicht jede Stunde und nicht ohne Erholung. Jetzt, im Café »Mach dir keine Sorgen!« ist die Stunde der Sorglosigkeit. Dann erst, wenn die Sorge sich erholt hat, werden wir sie wieder wahrnehmen, mit frischer Kraft und unverdrossen.

58 | Ein Moment in der Minutenwelt

Hier ist immer noch Europa. Und doch eine ganz andere Welt. Die Menschen leben in einer anderen Zeit, kenntlich an den Bewegungen, die langsamer sind als in westlichen Städten, und wohl aus diesem Grund auch anmutiger. In der georgischen Hauptstadt Tiflis lassen sich nicht sehr viele hetzen vom Sekundenzeiger ihrer Uhr.

Sie trägt einen eigentümlichen Namen, diese Welt: »Minutenwelt«, *zutisopeli*, kein Wort der Alltagssprache, vielmehr ein poetischer Ausdruck. Westliche Menschen sind überzeugt, dass eine Minute sechzig Sekunden hat. Die georgische »Minute« aber ist anders, sie hat überhaupt kein bestimmtes Zeitmaß. Sie kann ein Moment sein, aber auch ein ganzes Leben, ja, mehr noch: das Leben aller Menschen, die Geschichte des gesamten Lebens auf dem Planeten. Wenn der Begriff eine so weite Bedeutung hat, was ist denn dann *keine* Minute?

Die Ewigkeit. Im Vergleich zu ihrer Unendlichkeit erscheint die Minutenwelt in ihrer Begrenztheit und Vergänglichkeit als ein unbedeutender Tropfen im Meer der Zeit. Was für westliche Existenzialisten ein Grund sein mochte, über so viel Nichtigkeit zu verzweifeln, ist für georgische Menschen seit jeher ein Anlass zur heiteren Gelassenheit. Vielleicht mit melancholischer Gestimmtheit, aber mit vollkommener Akzeptanz.

Nicht etwa ein Leben nur im Hier und Jetzt hat die Minutenwelt zur Folge, sondern ein Gefühl des Eingebettetseins in eine umfassendere Zeit, die ihrerseits wiederum eingebettet ist in die Unendlichkeit. Die traditionelle georgische Lebenskunst besteht darin, die jeweilige Minute des Lebens so schön wie möglich auszufüllen. Was im gegenwärtigen Moment geschieht, kann daher, bei aller Geduld und Duldsamkeit, nicht gleichgültig sein: Das ist der Grund für das Aufbegehren gegen Verhältnisse, die sich zu lange darin erschöpft haben, die Zeit leer verstreichen zu lassen. Die Minute ist ein Geschenk an die Menschen, das nicht missbraucht werden darf.

Tragischerweise hat das Aufbegehren nun jedoch Konsequenzen für die Zeit selbst: Die »Rosenrevolution« führt letztlich zu einer Beschleunigung der Zeit, zum Ausbruch aus der Minutenwelt, zum Eintauchen in die Zeitvorstellung der westlichen Moderne. Die große Herausforderung der kommenden Zeit wird daher auf lange Sicht sein, bei aller notwendigen Modernisierung die Lebenskunst der Minutenwelt nicht gänzlich aus den Augen zu verlieren.

Was bedeutet Freundschaft für Sie? Zweifellos viel. Was aber meinen Sie, wenn Sie sagen, dieser und jener sei ein »lieber Freund«? Wie viele Freunde haben Sie, die Sie so bezeichnen? Können Sie mit ihnen das betreiben, was die wahre Freundschaft auszeichnet: Über alles sprechen, was Sie bewegt, Ihr »ganzes Herz ausschütten«, wie man so sagt?

Die Freundschaft verkörpert das Ideal einer schönen, bejahenswerten Beziehung. Aber nicht nur um wechselseitigen Lustgewinn geht es in ihr, und nicht nur um gegenseitigen Nutzen. Sondern um die beiderseitige seelische Berührung, die von räumlicher Nähe ganz unabhängig ist. Mit dem wahren Freund können die Gespräche geführt werden, auf die es im Leben so sehr ankommt und für die jetzt Zeit ist: die »tieferen Gespräche«, in denen es darum geht, das Leben zu deuten und zu interpretieren, die gemachten Erfahrungen miteinander zu besprechen und Schlüsse daraus zu ziehen.

Oft ist es ein stummes Zwiegespräch mit dem Freund, in dem die kleinen und großen Lebensfragen verhandelt werden: Was meint er zu dem, was geschieht, welche Erfahrungen sind wie einzuschätzen, welche verborgenen Zusammenhänge gibt es, welche Argumente sprechen für und gegen eine Wahl, welchen Werten soll welche Bedeutung zugemessen werden, was ist wirklich wichtig im Leben, was ist schön, was ist Glück? Im vertrauten Gespräch miteinander gelingt es beiden, immer aufs Neue ihre Lebensführung zu orientieren, sich in der Welt zurechtzufinden, Sinn und Bedeutung im Leben und in der Welt zu erschließen. Auch die Offenheit für Kritik ist kein Problem, wenn beide sich geborgen fühlen können im Wohlwollen des jeweils anderen. So spornen die Freunde sich wechselseitig zur Exzellenz in Haltung und Verhalten an: Darin besteht das Glück der Freundschaft.

Das Besondere an ihr ist, dass sie zwei Dinge miteinander vereinbaren kann, die sonst nicht so gut zusammenzugehen scheinen: ein Optimum an Bindung und ein Optimum an Freiheit. Das unterscheidet sie von der Beziehung der Liebe, die zwar eine starke Bindung mit sich bringt, bei der die Gebundenen jedoch immer in Gefahr stehen, eine erhebliche Einbuße an Freiheit in Kauf nehmen zu müssen. In der Freundschaft dagegen geht das gemeinsame Wohnen in Freiheit und Vertrautheit so weit, dass sich sagen lässt: Das Selbst bleibt arm und verzweifelt einsam, wenn es ohne Freunde bleibt.

60 | Darf man sich selbst lieben?

Waren Sie auch schon mal in Versuchung? Aber ein wenig Zuneigung für sich selbst zu empfinden – ist das schlimm? Trösten Sie sich, das ist eine offene Frage, seit es die abendländische Geschichte gibt. Die »Selbstliebe« ist umstritten von Anfang an: Sie sei das größte Übel, meinte schon Platon, denn sie halte die Menschen davon ab, gut und gerecht zu sein.

Sich selbst nicht zu lieben könnte allerdings ein noch größeres Übel sein, denn es verhindert, andere lieben zu können: Das wandte in antiker Zeit jedenfalls Aristoteles gegen seinen Lehrer Platon ein, denn Selbstliebe ist in seinen

Augen die Voraussetzung für die Zuwendung zu anderen. Wer zu sich selbst kein Verhältnis hat, kann auch zu anderen keines gewinnen. Das leuchtet durchaus ein, denn wer mit sich selbst nicht im Reinen ist, der ist viel zu sehr mit sich selbst beschäftigt, als dass er sich anderen zuwenden könnte.

Aus diesem Grund gibt es auch im Christentum, der Religion der Liebe, diesen Satz, den alle kennen und den doch kaum einer ernst nimmt: »Liebe deinen Nächsten wie dich selbst!« Wie dich selbst: Selbstliebe ist die Grundlage der Nächstenliebe. Das ist theologisch nicht immer so erklärt worden, viele Jahrhunderte lang wurde vielmehr der Verzicht auf die Selbstliebe gepredigt. Heute aber lässt sich eingestehen, dass dies keineswegs nur reine Nächstenliebe zur Folge hatte. Sie und ich, wir können es an uns selbst studieren: Vergeblich versuchen wir, andere zu lieben, wenn die Selbstliebe nicht die Kräfte dafür zur Verfügung stellt, die verausgabt und verschwendet werden können.

Wie kann nun aber die Selbstliebe von Selbstsucht unterschieden werden? Ein einfaches Merkmal nannte schon Aristoteles: Wenn die Selbstliebe nur um ihrer selbst willen da ist, dann handelt es sich um bloßen Egoismus. Ist sie dagegen dazu da, die Zuwendung zu anderen zu ermöglichen, so kann sie keine Selbstsucht sein. Ganz selbstlos sind wir in keinem Fall: Jede Zuwendung zu anderen kommt ja doch wieder uns selbst zugute. Innerlich reich werden wir im Leben letztlich nicht durch uns selbst, sondern durch andere. Die Zuwendung zu anderen ist daher die wahre Selbsterfüllung. So gesehen, ist die Frage nicht mehr, ob man sich selbst lieben darf. Es gibt vielmehr

Gründe dafür, guten Gewissens darauf gar nicht verzichten zu können.

61 | Selbstgespräche führen

Haben Sie sich schon mal dabei ertappt, Selbstgespräche zu führen? Nein, es sollte Ihnen keineswegs peinlich sein. Es ist kein Zeichen von geistiger Zerrüttung. Es ist Philosophie.

Jedenfalls wenn eine bewusste Angelegenheit daraus gemacht wird. Und dafür spricht vieles, denn es geht dabei um ein Nachdenken über sich selbst. Zwar ergeben sich Selbstgespräche meist von selbst, entscheidend ist jedoch, ob ihnen vorsätzlich Raum gegeben wird. Fragen Sie sich einfach selbst: »Was ist los mit mir? Welche Stimmen melden sich in mir zu Wort? Was bedeuten sie?« Und nicht nur Inneres, auch Äußeres wird zum Gegenstand des Selbstgesprächs: »Was geschieht um mich herum? Was bedeutet das für mich? Wie kann ich darauf antworten?«

Das geschieht selten geordnet und »zielführend«, meist chaotisch und ziellos. Sie werden aufmerksam auf Ihre Gedanken, Gefühle, Ängste, Enttäuschungen, Visionen, Faszinationen, Träume. Im Inneren begegnen und bekämpfen diese sich, so dass Sie sehr »mit sich beschäftigt« sind, wie man so sagt. Nicht immer sprechen die inneren Stimmen dabei in deutlich vernehmbarer Sprache, häufig nur in der Form eines »guten« oder »unguten« Gefühls, einer Stimmung oder vagen Idee.

Wenn Sie auf sich hören, lernen Sie sich etwas besser kennen. Letztlich dient das Selbstgespräch der Klärung dessen, was Sie sind und sein wollen. Das hat im Zweifelsfall den Vorrang vor dem Gespräch mit anderen. Aus guten Gründen, denn wie sollte eine Kommunikation mit anderen möglich sein, wenn Sie mit sich selbst noch zu tun haben? Das Selbstgespräch zu vernachlässigen hat Folgen: Ein Unwohlsein macht sich breit, wenn die inneren Stimmen im Lärm der äußeren nicht mehr zu hören sind. Sie fürchten, »sich zu verlieren«. Und wo die Klärung der inneren Verhältnisse nicht geschieht, dringt dies häufig durch Brüche der Sprache hindurch nach außen.

Oft spricht man allerdings mit sich, indem man mit anderen spricht. Viele Gespräche sind verkappte Selbstgespräche. Wirkliche Gespräche führen nur die, die ausreichend mit sich selbst sprechen, um all das in den Blick zu bekommen und zu verhandeln, was in ihnen vorgeht und in Bezug zu ihnen steht. Gibt es denn die Hoffnung, jemals mit sich völlig ins Reine zu kommen? Nein, nicht wirklich, und das ist gut so: Nur so bleibt das Leben mit sich selbst überraschend.

62 | Selbstgerechtigkeit?

Sie und ich, wir wollen von anderen gerecht behandelt werden, nicht wahr? Da wir sehr ethisch gesinnt sind, bemühen wir uns sogar, unsererseits andere gerecht zu behandeln, wo immer wir nur können. Bleibt eigentlich nur noch ein Problem: Was ist mit uns selbst? Gerechtigkeit ist ja nicht nur ein Grundproblem des Zusammenlebens in Gesellschaft mit anderen, sondern auch in der inneren

Gesellschaft mit sich selbst. Die herkömmliche Ethik ist in diesem Punkt ergänzungsbedürftig.

Aber was kann mit einer Gerechtigkeit gegenüber sich selbst gemeint sein? Auf jeden Fall ist sie nicht zu verwechseln mit »Selbstgerechtigkeit«, die davon ausgeht, dass wir allein im Recht sind und in allen Dingen richtig liegen, während andere notorisch Unrecht haben und mit erstaunlicher Hartnäckigkeit immer falsch liegen. Fragen wären an uns selbst zu richten: Ist es gerecht, wie ich mit meinem Körper umgehe, nicht nur insgesamt, sondern auch in Bezug auf seine zahllosen einzelnen und kleinsten Bestandteile? Ist es gerecht, Gefühle, oder genauer: dieses oder jenes Gefühl zu unterdrücken? Ist es gerecht, das Denken insgesamt oder genauer: diesen oder jenen Gedanken zu missachten? Ist das Verhältnis zwischen Körper, Seele und Geist auf gerechte Weise austariert? Das ist bedeutsam, denn jede Ungerechtigkeit, die von einer Seite in uns als solche empfunden wird, ist in der Lage, die Gesamtheit des Selbst in Frage zu stellen.

Uns um Gerechtigkeit im Umgang mit uns selbst zu bemühen trägt dazu bei, eine neue Sensibilität und ein Gespür für Gerechtigkeit überhaupt, also einen »Gerechtigkeitssinn« zu entwickeln. Einmal gewonnen, lässt er sich auf den Umgang mit anderen und auf die Verhältnisse in der Gesellschaft beziehen. Platon meinte sogar, die äußere Gerechtigkeit sei nur ein Abbild der inneren: Ein gerechter Mensch sei »sich selbst Freund geworden« und verhalte sich daher auch anderen gegenüber gerecht. Seine Gerechtigkeit gegenüber sich selbst beruhe auf einem Austarieren der verschiedensten Elemente in ihm, er füge sie zusammen zu einem inneren Zusammenhalt, und so sei er dazu auch in der äußeren Gesellschaft in der Lage. Vielleicht gelingt auf diese Weise endlich, was sehr schwierig zu sein scheint: Unseren eigenen Beitrag zur Gerechtigkeit in der Gesellschaft besser zu sehen, statt uns unentwegt nur ungerecht behandelt zu fühlen.

63 | Ein Kinderspiel

Was machen Sie heute? Wohin zieht es Sie am meisten? Ruhe haben, aber es sollte doch auch »was los sein«. Ein Besuch bei Freunden, aber endlich auch mal wieder allein sein. Später wäre noch ein interessanter Film im Fernsehen zu sehen, aber auch ein paar Unterlagen wären noch zu bearbeiten ... Ach! – Seufzer aller Dichter, auch derer, die zu Dichtern ihres Lebens werden wollen: Ach, wenn da nicht immer diese innere Zerrissenheit wäre! Dass von außen an einem gezerrt wird, das geht ja noch, aber dieses innere Gezeter!

Es ist fast so wie bei den Kindern. Kinder möchten gerne alles gleichzeitig machen. Kein Problem, sie müssen sich nur zerteilen, ein Kinderspiel: Die Augen, keine Frage, bleiben ganz alleine vor dem Fernseher sitzen, sie sind voll beschäftigt. Die Zunge hängt sich unverzüglich an ein Eis und leckt daran hingebungsvoll, endlich geht es um ihren Willen ganz allein. Der Kopf, aus dem die Augen herausgeschraubt sind, sitzt vor den Rechenaufgaben; das kann er alleine besser, als wenn Augen und Zunge ihn dabei stören. Die Füße sind schon unterwegs zum Spielplatz; sie freuen sich darüber, so unbeschwert losmarschieren zu können, während der Hintern noch auf dem Klo sitzt und lediglich die Hände vermisst, die ihn abputzen sollen, jetzt aber gerade mit voller Konzentration den komplizierten Bausatz eines Legomobils zusammenmontieren. Die Zehen befinden sich währenddessen einzeln in den Händen der Eltern, die sie endlich einmal gründlich reinigen können, allerdings hinterher aufpassen müssen, sie nicht in der verkehrten Reihenfolge wieder anzuschrauben. Das größte Glück aber widerfährt dem Mund, der ohne Rücksicht auf andere Teile munter drauflos plappern kann, ohne noch irgendeine lästige Pause machen zu müssen.

»Aber ich«, sagt plötzlich das Kind, das der Zerlegung seiner selbst fasziniert beiwohnt, »wo bin da noch ich?« In der Tat, das ist das einzige Problem: Von einem integrierten Ich lässt sich nun nicht mehr sprechen, jeder Ich-Teil geht seinen eigenen Weg. Wenn das Ich also Wert darauf legt, ein Ich zu sein, kommt es nicht umhin, seine Teile zusammenzufügen und sie so zu organisieren, dass alle zum Zuge kommen, aber nicht unbedingt alle zugleich. Schmerzliche Entscheidungen sind zu treffen, kein Kinderspiel. Das ist die Arbeit an der eigenen »Kohärenz«. Wissen Sie nun, was Sie heute tun?

64 | Staunen lernen

Ein Haifisch zieht nur Zentimeter entfernt vorüber. Im Hintergrund lassen archaisch anmutende Gestalten, »Grüne Muränen«, ihren langen, massigen Körper schlangengleich durch Felsspalten gleiten. Ein Schwarm von »Bodenguckern« geistert herum, silbern glänzend, die Unterkiefer ausklappbar, jeder einzelne Fisch mit einer so tiefen Ernsthaftigkeit im Gesichtsausdruck, dass man sich beinahe des eigenen Lächelns schämen muss. Kuhkopfrochen mit futuristischem Aussehen schwingen sich elegant durchs Wasser, als würden sie fliegen. Geigenrochen befinden sich im Tiefflug knapp über dem Boden und tasten jede Unebenheit ab.

Man kann staunen lernen im Aquarium, und wenn es wahr ist, dass das Staunen der Anfang der Philosophie ist, dann werden hier viele neue Philosophen geboren. Vor allem die Kinder staunen, und die Erwachsenen tun es ihnen gleich. Wer schon alles zu kennen glaubte und die Welt vorzugsweise aus der Perspektive des Fernsehens wahrnahm, der wird hier gepackt von einer ganz anderen Welt, die sich in Realzeit vor seinen Augen bewegt. Laternenfische, die sich wie mit kleinen Taschenlampen in völliger Dunkelheit zurechtfinden können. Eine Tintenfischart, die wie eine Muschel aussieht. Quallen ganz in Weiß, mit Schleppen, schöner als jedes Brautkleid. Rotfeuerfische mit Gesichtern wie aus zerknittertem Zeitungspapier und mit Flossen wie ein Federkleid ...

Diese Welt ist so wahnsinnig schön, dass einem die Augen übergehen. Trotz großer Anzahl der Tiere, trotz des Durcheinanders ihrer Bewegungen gibt es keine Zusammenstöße wie auf den Straßen der Menschen. Absurde und groteske Formen, alle denkbaren Farbenspiele finden sich in der Wasserwelt, die so uferlos reich erscheint und hier doch nur in einer winzigen Auswahl zu sehen ist: eine kleine Ahnung davon, was diesen Planeten wirklich dominiert. Besteht nicht der weitaus größte Teil der Erde aus Wasser? Dann sind die Kontinente nur Inseln, die in Meeren schwimmen. Im direkten Vergleich zur Eleganz und Schwerelosigkeit der Bewegungen im Wasser erscheint mir der Mensch vor der Scheibe, ich selbst, als gänzlich unbeholfenes Tier. Kein Wunder, dass der Mensch das Denken erfinden musste, um auch nur halbwegs mithalten zu können. Immerhin könnte das Denken nun zur Einsicht verhelfen: Selbst wenn mit technischer Hilfe ökologische Lebensräume zerstört werden – zerstören wird der Mensch allenfalls sich selbst. Den Reichtum des Lebens wird er nicht wirklich antasten können.

65 | Sind Sie krank?

Nun hat es Sie also doch erwischt. Tut mir aufrichtig leid, Sie Arme, Sie Ärmster. Vor allem deswegen, weil ja klar ist, was nun kommt: Wer oder was kann Sie wieder heilen? Es gibt nur einen, der das kann: Sie selbst. Allenfalls mit etwas Unterstützung von außen.

Sie haben einen guten Arzt? Umso besser. Aber nur Sie können entscheiden, an ihn zu glauben und ihm zu vertrauen; beurteilen können Sie ihn allenfalls als Mensch. Sie können zur Sicherheit noch einen anderen Arzt fragen, aber er wird möglicherweise das Gegenteil seines Kollegen vertreten, und dann müssen Sie wiederum entscheiden. Sie können sich selbst kundig machen, Ratgeber lesen und im Internet forschen. Aber was Sie dabei in Erfahrung bringen, wird widersprüchlich sein. Sie können sich mit Gleichgesinnten besprechen, aber jeder wird auf ein anderes Mittelchen schwören.

In jedem Fall also müssen Sie selbst wählen, und Sie können sich dabei bewusst sein, jede getroffene Wahl mit dem Gewicht Ihrer ganzen Existenz verantworten zu müssen. Übrigens auch dann, wenn Sie nicht wählen, wenn Sie also voller Vertrauen Ihrem Arzt folgen, oder aber gar nichts machen. Am entscheidenden Punkt ändert das nichts: Nur Sie leben dieses Leben, nur Sie bringen es äußerstenfalls auch zu Ende. Der Arzt sagt, er könne die Verantwortung nicht übernehmen? Die äußerste Verantwortung liegt bei Ihnen, niemand kann sie Ihnen abnehmen. Bei aller Hochschätzung für die Kunst des Arztes trägt doch nicht er die ultimativen Konsequenzen, sondern immer nur Sie allein.

Was tun? Das Einzige, was bleibt, ist, das zu tun, was in Ihren Augen »plausibel« ist, was Ihnen also am meisten einleuchtet und überzeugend erscheint. Am besten mit Gründen, nach allem Für und Wider, nach ärztlicher Konsultation, im Zweifelsfall aber auch ohne. Wichtig ist, woran Sie glauben. Kein Mittel kann ohne Glaube wirken, umgekehrt wirkt der Glaube jedoch gelegentlich auch ohne Mittel: Placebos erzielen nachweislich oft dieselbe Wirkung wie die Wirkstoffe selbst, auch wenn das theoretisch gar nicht möglich ist.

Und manchmal ist es wohl am besten, einfach die Waffen zu strecken. Wie sagt mir mein Arzt mit einem verschwörerischen Augenzwinkern? »Wenn Sie darauf verzichten, Ihren grippalen Infekt zu behandeln, dauert es volle vierzehn Tage. Mit Behandlung nur zwei Wochen.« Na dann, wenn das die Alternative ist ...

Plötzlich ein Schnitt ins Fleisch. Oder eine ins Schloss geworfene Tür, in der eine Fingerkuppe zurückbleibt. Oder ein böses Wort. Im selben Augenblick zerreißt das Gewebe des Alltags, der Gewohnheiten, der Gewissheiten. Die festgefügte Integrität des Selbst bricht auf. Schon eine kleinere körperliche Verletzung, erst recht eine seelische stellt das gesamte Selbst in Frage.

Der Riss legt das nackte Leben bloß: Traumatisch die Erfahrung, das Selbst als so leicht verletzbar zu erfahren, mit einem Mal zu wissen, dass das Leben auf Schritt und Tritt bedroht sein kann. Dass es keine Immunität gegen Verletzungen gibt. Dass dies das ganze Leben hindurch so bleiben wird: Ein kleines Versehen, eine Unbedachtheit, ein zufälliges Zusammentreffen oder eine einzige ungute, absichtslose oder absichtsvolle Handlung kann enorme Konsequenzen nach sich ziehen. Unterhalb der Oberfläche des alltäglich gelebten Lebens tun Abgründe, auch Abgründe menschlichen Verhaltens sich auf.

Vorwürfe an sich selbst und andere besetzen das Denken und Fühlen. Der verlorenen, wohlgefügten Welt wird nachgetrauert. Die neue Wirklichkeit will kaum wirklich erscheinen und ist es doch. Alles soll wieder so sein, wie es war, und kann es doch nicht. So anstrengend ist die unmittelbare Bewältigung, dass bald eine bleierne Müdigkeit das Selbst überkommt, die es von den Mühen des Bewusstseins erlöst. Zeit vergeht und heilt, da das, was geschehen ist, zurückzuliegen beginnt und den distanzierten Blick von außen erlaubt. Dann erst kann das Selbst ins Verhältnis dazu kommen.

Jetzt kommt es darauf an, am zerrissenen Gewebe des Alltags wieder zu stricken, in diesem Rahmen das Geschehene zu durchdenken, zu erzählen, es zu deuten und zu interpretieren, ihm schließlich Bedeutung und eine feste Stelle im eigenen Leben zu geben. Was geschehen ist, ist nicht mehr ungeschehen zu machen. So bleibt nur, es als Ereignis im Gedächtnis zu behalten, es als Narbe am Körper oder in der Seele dauerhaft dem Selbst einzugliedern. Das geschieht, wenn es als Aufgabe erkannt wird, nicht nur unbewusst im Schlaf, sondern sehr bewusst. Beinahe dankbar ist das Selbst zuletzt der schmerzlichen Erfahrung, die so unvergleichlich fühlbar macht, was Leben ist. Und diese eine Frage aufwirft: Würde auch ein nie gefährdetes Leben, absolut abgesichert gegen alles, wirklich noch ein Leben sein?

67 | Erzählen Sie von sich!

Geht es Ihnen auch so, dass Sie gerne von sich erzählen? Vielleicht ist es schwierig, damit anzufangen, aber wenn der Anfang gemacht ist, wird es schwierig, wieder aufzuhören. Und das ist gut so: Erzählen Sie von sich! Wem? Im Zweifelsfall sich selbst, besser aber einem anderen, am besten einem Freund: Dass er zuhört, regt zur Erzählung an, ermuntert und ermutigt dazu. Ein Leiden wird leichter in der Erzählung, denn nun trägt nicht mehr nur einer die Last; eine Freude wird erfreulicher, denn sie wird vervielfältigt, wenn mehr als einer sich freut. Das macht die Freundschaft so unentbehrlich: Wechselseitig von sich erzählen zu können, wechselseitig auch bereitwillig zuzuhören.

Was dabei geschieht, ist eine Arbeit an sich selbst. Dass Menschen gerne Ihre Geschichte erzählen, hat seinen Grund in der Bedeutung einer immer neuen Selbstvergewisserung. Die Geschichte, die Sie sich und anderen erzählen, fügt zusammen, was nicht unbedingt zusammengehört. Nicht nur die wirklichen Erfahrungen werden zu einem Netz verknüpft, in dem es sich leben lässt, vielmehr lassen sich auch Lücken zwischen den Erfahrungen schließen und neue Deutungen erproben. Es ist ein ständiges Stricken und Weben an sich selbst, so dass Sie schließlich sagen können: »Das bin ich, das ist meine Geschichte.«

Dass auch andere ihre Geschichte erzählen, und sei es in Buchform, regt zur Erzählung der eigenen Geschichte an: Das ist wohl der Grund dafür, dass Autobiographien aller Art gerne gelesen werden. Diese »kleinen«, individuellen Erzählungen sind im Zweifelsfall wichtiger als die »großen« Erzählungen der Geschichte, denn sie zeigen, wie ein Mensch sein Leben bewältigt und sein Selbst definiert. In einer Ausweglosigkeit kann die Erzählung der eigenen Geschichte den Weg weisen, insofern sie immer noch »weitergeht«. Während erzählt wird, vergeht Zeit, und diese Zeit heilt. Der wachsende zeitliche Abstand zum Geschehenen erzeugt die Vorstellung einer räumlichen Ferne, so dass das, was geschehen ist, wie ein Gegenstand am Horizont der Existenz steht und Zusammenhänge besser erkennbar werden. Das Ziel aber ist immer eine Erzählung, die so einleuchtend erscheint, dass sie nach innen wie nach außen hin überzeugt. Selbstvertrauen und Selbstfreundschaft können darauf gegründet werden. Und welche Geschichte ist nun die Ihre?

Irgendetwas an Ihnen ist heute anders. Waren Sie etwa beim Friseur? Ach ja, so eine Art Generalüberholung, muss ja auch mal sein. Aber gefärbte Haare, und gleich so grell?

Es geht doch, sagen Sie, um die Gestaltung des Lebens. Und Haare sind nun mal ein ideales Exerzierfeld hierfür, das umstandslos und überall zur Verfügung steht. Es tut nicht weh, ganz im Gegenteil: Es tut sogar richtig gut, jemanden an den Haaren »herummachen« zu lassen. Nicht wenige gehen gerade aus diesem Grund zum Friseur, Frauen vor allem, Männer versagen sich diese Form von Selbsttherapie, aus Ignoranz, wie üblich.

Haare sind Privatsache. Wie sehr das Private aber politisch werden kann, zeigt sich an ihrer Gestaltung: Wer in den sechziger und siebziger Jahren des 20. Jahrhunderts mit langen Haaren herumlief, brauchte sonst nicht mehr viel zu sagen. Eine Gruppierung junger Barhäuptiger von heute, »Skinheads«, pflegt mit dem äußeren Erscheinungsbild den frontalen Widerspruch zur jungen Generation von damals. Andere, die willentlich ohne Haare sind, versprechen sich davon allerdings ganz einfach, die Schönheit des Gesichts gebührend zur Geltung zu bringen. Wieder andere verzweifeln darüber, immer etwas mit den Haaren machen zu müssen: Mit einer Glatze ist endlich Ruhe.

Aber Haare machen das Leben ausdrucksvoller. Scheinbar verlegen kann man sie sich aus dem Gesicht streichen. Sind sie lang genug, lassen sie sich wie ein Vorhang zur Welt vor dem Gesicht auf- und zuziehen. Werden sie wild durch die Luft geschleudert, ist klar, von welcher Leidenschaft jemand besessen ist. Wenn etwas schief läuft, kann man sich stellvertretend die Haare raufen. Die Langeweile wird verkürzt, wenn Sie gedankenverloren an Ihren Haaren zwirbeln. Und wenn Sie sich durch die Haarpracht wühlen und an der hinteren Kopfhaut kratzen, signalisieren Sie sofort, wie ernsthaft Sie nachdenken.

Vieles lässt sich machen mit den Haaren. Sollte Ihr Leben einer Neuorientierung bedürfen, so empfiehlt sich zuallererst eine neue Frisur. Sollte es dann doch nicht so gut laufen: Kein Problem, in ein paar Wochen ist Gras, äh, neues Haar darüber gewachsen. Also nur Mut, ein wenig Farbe im grauen Alltag kann nicht schaden. Problematisch wäre nur zu glauben, mit ein bisschen Farbe und einem neuen Schnitt wäre das ganze Selbst bereits wie neu.

69 | Suppe essen

Haben Sie auch eine Mutter, die Nudelsuppe mit selbstgemachten Nudeln für Sie kocht? Tut mir echt leid; viele sind berufen, nur wenige sind auserwählt. Mein Magen läuft über von dieser Nudelsuppe, am liebsten mit der Würze eines bekannten Schweizer Herstellers.

Aber ist die Suppe auch ein seriöser Gegenstand für die philosophische Lebenskunst? Wer so fragt, hat Epikur noch nie gelesen – ja, genau den, der die Lust in den Adelsstand der philosophisch legitimierten Lebensführung erhob; quer durch die Geschichte des Abendlandes hat man ihm dies vorgeworfen. Ach, hätte man ihn doch besser gelesen, spätestens bei seiner Haltung zur Suppe wäre alles so klar wie Fleischbrühe gewesen.

»Nicht jede Lust wählen wir«, betonte Epikur, und so ging es ihm nicht darum, in Gelagen zu schwelgen, sondern die Bedürfnisse auf ein bescheidenes Maß zu reduzieren, um die Befriedigung dann maximal zu genießen. »Das Gute« war für ihn das Sinnliche, nicht eine sinnlose abstrakte Idee: Er wisse nicht, meinte er gegen Platon gewandt, was er sich unter dem Guten vorstellen solle, wenn es nicht die Liebeslust, die Lust des Hörens, die Lust eines schönen Anblicks und – die »Lust der Suppen« sei.

Am lustvollsten kann man genießen, wenn man wenig dafür nötig hat. Daher bevorzugt ein echter Epikureer nicht etwa auserlesene Feinschmeckersüppchen, sondern »bescheidene Suppen« (*litoì chyloí*). Suppe zu essen, das ist die maßvolle Lust, die auch in der Lust noch Autarkie ermöglicht, denn mühelos könnte man sich allein von Suppe ernähren: viel Flüssigkeit, ausreichend Nährstoffe, wenn es sich nicht gerade um eine Fertigmahlzeit aus der Tüte handelt. Und bei aller Askese ermöglicht sie doch auch die Ekstase, denn man kann außer sich geraten bei ihrem Anblick und ihrem Genuss.

Gleich um die Ecke gibt es jetzt »Soup Kultur«, Suppe satt jeden Tag. Aber welche Suppen! »Exotische Kartoffel-Kokosmilch-Suppe« zum Beispiel. Als echter Epikureer lobe ich mir da die einfache Linsensuppe mit Wiener Würstchen. Erstaunlicherweise findet man sie hier nicht, die wirklich guten Suppen: Flädlesuppe, Brätknödelsuppe, Leberknödelsuppe oder, um den asiatischen Kulturkreis mit einzubeziehen, Wan-Tan-Suppe, und die Steigerung: Wan-Tan-Nudelsuppe, immer wieder Nudelsuppe.

Für die Suppe meiner Mutter aber gibt es keinen Ersatz. Möge der Tag, an dem meine Mutter nicht mehr da sein wird, noch lange auf sich warten lassen. Wenn aber doch einmal die Stunde des Abschieds kommen muss, dann, ja dann – ganze Suppenschüsseln werde ich vollweinen.

70 | Schuhe kaufen

Sokrates suchte einst in Athen den Schuhmacher auf und fragte ihn: »Weißt du eigentlich, was ein Schuh ist?« Heute ist ein Besuch beim Schuhmacher schwierig, denn es gibt ihn kaum noch. Stattdessen kann man zum Orthopäden gehen, und das sogar zweimal: einmal zum Arzt, einmal zum Praktiker. Und der Praktiker sagt mir gleich, dass er auch eine Theorie hat. Stellvertretend für Sokrates freut mich das: Endlich hat einer eine Idee, was ein Schuh eigentlich ist. Um mein Gehwerkzeug der Theorie anzunähern, verfertigt der Orthopäde mir Einlagen. Er nimmt meinen Fußabdruck, zeichnet ein regelrechtes Kräftediagramm und entwirft auf dieser Basis einen strategischen Plan.

Hübsche Details kommen zum Vorschein: Dass ich über ein »schönes Gewölbe« verfüge – ganz unverdient, aber sehr willkommen, denn ich bin ein Verehrer von »schönen Gewölben«. Gemeint ist allerdings das Längsgewölbe an der Fußinnenseite, und weil dieses Gewölbe so tragfähig ist, soll die Einlage den Fuß »nach innen kippen«. Leider ist das Quergewölbe an den Zehen entlang in anderer Verfassung, so dass es »abgestützt« werden muss. Schließlich aber stellt sich heraus, o Gott, so viele Jahre nach meiner Geburt, dass überhaupt das rechte Bein vier Millimeter kürzer ist als das linke. Nüchtern gesehen bin ich also missgestaltet, aber die Einlage wird das korrigieren, ein orthopädisches Kinderspiel. Der kleine Höhenunterschied ist, so werde ich aufgeklärt, der Grund für eine »Fehlhaltung«, für ein gekrümmtes Rückgrat, für Schmerzen, die das ganze Gestell durchziehen, Schmerzen ohne Befund, und in der Tat ist es genau das, was mich seit Jahren plagt.

Aber nun wird alles gut. Damit die Einlage wirkt, erklärt der Orthopäde, brauche ich lediglich noch etwas härtere Schuhe, Schuhe aus Leder, speziell mit Ledersohle. Die Menschen, leider, kaufen viel zu weiche, »angenehme« Schuhe. Ging ich nicht selbst dieser modernen Ideologie des Angenehmen auf den Leim? Kann sich tatsächlich die Ideologie einer Zeit in ihrem Schuhwerk spiegeln? Die Schuhe aber müssen dem Fuß Halt bieten, und dazu brauchen sie einen stabilen Rahmen. Wie sonst wäre jemals Halt zu finden im Leben! Also harte Schuhe – und dann noch die Einlagen: Ich habe das Gefühl, wie ein Ochse im Joch zu gehen. Wochen dauert es, bis die Füße weniger schmerzen und zu einer Symbiose mit den neuen Schuhen finden. Mal sehen, welche »Fehlhaltung« das nun produziert. Aber vielleicht ist das ganze Leben ja ohnehin nur eine Abfolge von Fehlhaltungen.

71 | Sacher-Torte genießen

Was ist ein philosophisches Leben? Keine Frage: Theorie plus Lebensgenuss. Gehen wir doch heute mal ins Café und machen die Probe, am besten mit einer Sacher-Torte: Mit ihr kann man sinnlich das Leben genießen und zugleich theoretisch was fürs Leben lernen. Denn was ist »eigentlich« eine Sacher-Torte? Die Definitionsmacht hierzu, so sollte man meinen, liegt beim Haus Sacher in Wien. Also auf in die Philharmonikerstraße, direkt hinter der Wiener Staatsoper. Neben dem Hoteleingang das Kaffeehaus, die Wände weinrot drapiert, Marmortischchen. Stilgerecht quillt aus den Wänden, auch in den pompösen Toilettenräumen, verhaltene Wiener Walzer-Musik. Zigarrenwolken ziehen vom Nebentisch herüber und vervollständigen die Kaffeehaus-Atmosphäre.

Eine eigene Sacher-Zeitung informiert über das »süße Geheimnis«, die weltberühmte »Original Sacher-Torte«, die im Auftrag des Fürsten Metternich 1832 als ein besonders wohlschmeckendes Dessert erfunden worden sein soll, und zwar von einem 16-jährigen Küchenlehrling, der Chefkoch lag krank im Bett. Da kommt sie schon, dazu ein »Einspänner«, ein schwarzer Kaffee mit »Schlagobers«, klassisch mit einem Glas Wasser serviert. Leider scheint das Kuchenstück unter Schwindsucht zu leiden, so klein ist es, vielleicht weil das Rezept schon so alt ist und die vergehende Zeit immer zu Verlusten führt; vielleicht aber auch aus Fürsorge für den Gast: Dem könnte schlecht werden von einer so geballten Portion an Süßem.

Die Sacher-Zeitung verschweigt nur eine Kleinigkeit: Den klassischen Wiener Streit um die Originalität der Torte, der sogar vor Gericht ausgetragen werden musste. Denn auch andere erhoben Anspruch auf die Erfindung des guten Stücks, und was »eigentlich« eine Sacher-Torte ist, ließ sich nicht mehr zweifelsfrei klären. Es fehlte, wie so oft im Leben, ein objektives Kriterium für die zuverlässige Erkenntnis der Wahrheit. Um die endlosen Interpretationen abzukürzen, verkündete das Gericht die Wahrheit per

Spruch, und es entschied salomonisch: Das Haus Sacher hat Anspruch auf das *Original*, der »Wider-Sacher« aber, das edle Wiener Kaffeehaus Demel am Kohlmarkt, durfte fortan das Attribut der *echten* Sachertorte für sich beanspruchen. Und wie fällt unser philosophisches Urteil heute aus? Sehr einfach, sehr pragmatisch: Hauptsache, die Torte schmeckt.

72 | Sich bedienen lassen

Ein kurzer Anruf, schon steht das Frühstück fertig auf dem Tisch. Ein Knopfdruck, schon ist alles abgespült. Heute abend ins Kino? »Wir bringen Sie hin, wir bringen Sie wieder zurück«: Ist es nicht wundervoll, auf Schritt und Tritt so von Service umgeben zu sein? Ist es nicht der Sinn des Lebens, sich immer und überall bedienen zu lassen? Auch für »den Sinn« wird sicher bald ein Service zuständig sein. Aber in der so genannten Dienstleistungsgesellschaft, wie sie sich immer mehr ausbreitet, steckt nicht nur ein großer Gewinn. Möglicherweise bringt sie einen noch größeren Verlust mit sich: Eine Enteignung des Lebens, die schleichend geschieht und zugleich weiter geht als jede Enteignung jemals zuvor. Kein Handgriff soll mehr ein eigener sein, immer soll alles »zu Diensten« sein, ein bloßer Wink genügt, und sei es nur ein elektronischer: Das Selbst hat keinen Anteil mehr an diesem Leben, das es doch selbst lebt.

Um kein Missverständnis aufkommen zu lassen: Sehr wohl können Annehmlichkeiten des Bedientwerdens Bestandteil der Lebenskunst sein. Nicht alles muss man selbst machen, vieles kann man machen lassen, das ist ein Element der Gelassenheit. Am besten jedoch mit bewusster Haltung, das heißt mit einer Festlegung des Maßes, das als das richtige erscheint, und einer Grenze, die nicht überschritten werden sollte: Ein Leben ohne jede Anstrengung, ohne eigene Bewältigung von Schwierigkeiten würde auf Dauer das Lebensgefühl auf profunde Weise unterlaufen und das Leben selbst zu etwas Äußerlichem machen.

Die Erwartungshaltung wächst ins Uferlose. Aber die umstandslose Wunscherfüllung macht keineswegs glücklich, sondern begründet ein neues Unglücklichsein: Die Servicegesellschaft erzeugt ein verdrießliches Selbst. Wer stets nur Service in Anspruch nimmt, kann für sich nur noch die Rolle des Mäkelns und Naserümpfens übrig behalten. Die Reibungslosigkeit, die überall erwartet wird, hat zwar viel mit Perfektion, aber nichts mehr mit Leben zu tun. Wer sich selbst nichts mehr zumutet, erfährt die eigenen Möglichkeiten und Grenzen nicht und spürt schließlich das Leben nicht mehr. Der neu entstehende Lebensverdruss kann (bis auf weiteres) selbst nicht wieder per Dienstleistung aufgefangen werden. Dessen sollten wir uns frühzeitig bewusst sein. Nichts gegen die Dienstleistungsgesellschaft, aber ihre Totalisierung könnte uns noch leid tun.

»Jo mei.« Sie denken, das sei Chinesisch? Volltreffer. Nur ein bisschen auf der Landkarte verrutscht. Kann schon mal passieren. Es ist Bayerisch, und das hört sich eben manchmal wie Chinesisch an. »Jo mei.« Und was ist damit gemeint? Eigentlich nichts Besonderes. Es ist einfach nur eine Äußerung. Von einer Aussage kann man nicht sprechen.

Verwendung findet »Jo mei« meist als nichtssagende Antwort auf eine Frage, ein Geschehen, einen Zustand. Wenn Sie zum Beispiel zu mir sagen würden: »Da ist etwas schief gelaufen«, dann würde ich antworten: »Jo mei.« Dazu bin ich befugt, denn ich stamme aus der Weltgegend, in der so gesprochen wird. Würden Sie wünschen, dass ich die Antwort in eine Ihnen verständliche Sprache übersetze, dann würde ich sagen: So ist das Leben, da kann man nichts machen, es ist weder gut noch schlecht, es ist einfach so, wie es ist, nicht zu ändern. Vielleicht ist die Sache beunruhigend, aber gegenwärtig beunruhigt sie mich nicht, und über die Zukunft lässt sich gegenwärtig noch nichts sagen.

Es kann sich auch um ein unlösbares Problem handeln, dessen Lösung wir gar nicht erst versuchen sollten, denn es ist zu schwierig, es zu durchschauen, und der Kraftaufwand, es durchschauen zu wollen, ist jedenfalls jetzt im Moment zu hoch. Es kann auch sein, dass die Sache, um die es geht, Zeichen für einen allgemeinen Niedergang ist, aber die Welt geht sowieso unter, schon seit der Gründung Roms, das ist der Lauf der Dinge. Sie sehen schon, es ist ein wenig kompliziert, all das zu erklären. Viel schlichter sagt dies das knappe, allumfassende »Jo mei«. Es ist eine Zauberformel, die das Leben Leben sein lässt.

Dahinter steht eine Haltung zum Leben und zur Welt. Wo immer jemand »Jo mei« sagt, können Sie messerscharf auf diese Haltung schließen. Was sage ich, »Haltung« – eine ganze Philosophie wird dahinter sichtbar, die zu der Erkenntnis gekommen ist: Die Dinge sind, wie sie sind, und am besten belassen wir sie so, statt uns an ihnen abzuarbeiten, ohne sie wirklich ändern zu können. Sie sagen, das sei ja quasi so eine Art von »bayerischem Taoismus«. Das ist es, Sie haben Recht! Darf ich das bitte als neue Begriffsschöpfung hier veröffentlichen? Trefflicher hätte ich das selbst gar nicht zum Ausdruck bringen können. Danach habe ich immer vergeblich gesucht. Jo mei.

74 | Wenn die Traurigkeit kommt

Manchmal kommt einfach eine große Traurigkeit über mich. Eine Erschütterung des Lebens von Grund auf. Ich weiß nicht woher. Es bleibt mir nur, nachzugeben oder nicht. Lieber gebe ich nach, die Traurigkeit wird schon wissen, was sie tut. Dem Traurigsein angemessenen Raum im eigenen Leben zu geben ist wohl ein notwendiger Bestandteil der Lebenskunst. Es kommt darauf an, das Traurigsein zu pflegen, sorgsam damit umzugehen, sich ihm gelegentlich sogar ganz hinzugeben.

Eine Kombination von Romantik und Pragmatik scheint dafür am besten geeignet zu sein: Romantisch ist das traurige Gefühl selbst. Pragmatisch ist es, für die Gewohnheiten zu sorgen, in deren Rahmen das Traurigsein eingebettet und gepflegt werden kann. Es lässt sich besser traurig sein, wenn man gleichsam mit äußerem Halt seinem inneren Zustand zusehen kann. So kann ich mich nun – in der Gewissheit, nicht gänzlich zu fallen – ganz dem Traurigsein überlassen, fähig dazu, auch den Tränen freien Lauf zu lassen.

Im alltäglichen Leben lässt sich dem Traurigsein Raum geben durch Musik, zu Hause oder im Konzertsaal: Die Musik hält viele Stücke kunstvoll komponierten Traurigseins bereit. Mein Lieblingsstück ist *Ein deutsches Requiem* von Johannes Brahms mit seinen unendlich elegischen Chören, die seit den ersten Aufführungen 1868/69 Menschen zu ergreifen vermögen. Der erste Satz gibt der Trauer über die Vergänglichkeit des Lebens eine einzige langgezogene Melodie, und schon nach fünf Takten füllen sich die Augen mit Tränen. Erst recht beim überirdisch schönen, versöhnten vierten Satz und dem erst zuletzt eingefügten fünften, langsamen Satz: »Ihr habt nun Traurigkeit«, nach dem Wort des Johannes-Evangeliums. Und schließlich das endlose Verklingen in gelassener Ruhe im siebten Satz.

Oder die *Vier letzten Lieder* von Richard Strauss, nach Gedichten von Hermann Hesse und Joseph von Eichendorff 1947 entstanden, mit der einsamen und doch in ihrer lyrischen Traurigkeit triumphierenden menschlichen Stimme, etwa in einer Aufnahme der Sopranistin Lisa della Casa von 1953. Überhaupt die gesamte Musik der Romantik, die sich von Anfang an und willentlich der »dunklen« Seiten der Existenz in besonderer Weise angenommen hat. Was wäre das Leben ohne sie? Weinend bin ich einverstanden mit dem Traurigsein.

Jahrein, jahraus stehe ich hier. Wind weht mir ins Gesicht, nach der wohltuend lauen Luft der Sommerabende nun der kalte Hauch des Winters. Im Frühling singt eine Amsel, ein Hahn kräht irgendwo, eine Lerche steigt hoch in die Luft. Jetzt im Herbst begegne ich dem melancholischen Blick von Stiefmütterchen, im Französischen *pensées*, »Gedanken«. Gedanken gehen mir durch den Kopf, Erinnerungen an meinen Vater, seine ruhige Ernsthaftigkeit, sein frohes Lachen bis in den Tod. Ich spreche mit ihm, bin aufmerksam auf jeden Wink von ihm.

Er ist schon lange tot. Aber an jede Einzelheit des tristen Tages entsinne ich mich, als er in diesem Grab endgültig meinen Augen entschwand. Nur Knochen liegen in diesem Grab, aber an diesen Ort kehre ich immer wieder zurück, um meinem Vater zu begegnen, denn hier ist er eingebettet in die Natur, in die er zurückgekehrt ist, selbst ein Teil des Kreislaufs der Natur. Er ist gestorben in der tröstlichen Gewissheit, für immer seine Heimat hier zu haben, hier in dem kleinen Tal, das er über alles geliebt hat, umgeben von den Geräuschen des Alltags, nicht nur der Vögel, auch des Verkehrs, der am Friedhof vorbeirollt. Das lange Leben mit diesem wunderbaren Menschen hat das Wort »Vater« zum metaphysischen Begriff für mich gemacht. Mag sein Körper tot sein, sein Geist, seine Gedanken leben, denn ich denke sie, wo immer ich bin. Das Grab ist eine Quelle der Inspiration, ein Bezugspunkt des Lebens. Von hier gehe ich hinaus ins Leben, und hierher kehre ich zurück. Wie nirgendwo sonst kann ich hier erfahren, dass ich es bin, der dieses Leben lebt. Und hier ist die Erkenntnis unabweisbar, dass es damit auch einmal vorbei sein wird. Hier ist der rechte Ort, an den eigenen Tod zu denken. *Memento mori*: »Bedenke deine Sterblichkeit.«

Der Brauch, ein Grab zu besuchen, ist eine Tradition, die noch übrig geblieben ist aus einer vormodernen Welt. Ich spüre deutlich, dass ich in diesem Moment nicht der modernen Welt zugehöre, sondern außerhalb stehe. Mit Gräbern will die Moderne nichts zu schaffen haben, in solchem Maße sogar, dass das Grab als Ort jedweden Sinn zu verlieren scheint. Das ist die zwangsläufige Konsequenz einer Entwicklung, die ihre Ursache in der Haltung hat, den Tod zum Verschwinden zu bringen. Ob viele Menschen in der Moderne deswegen das Leben nicht mehr spüren?

Winterliche Welten:
Vom Sinn des Schlittenfahrens

76 | In tropischer Hitze

Wasser plätschert. Von irgendwoher dringen Vogelstimmen. Es muss ein Wald sein, vielleicht sogar ein exotischer Dschungel. Und ich mittendrin. Mitten im Winter. Wo bin ich? Ach, nur in der Sauna. Die Augen sind mir für einen Moment zugefallen, da wurde ich ein Opfer der Geräusche, von unsichtbaren Lautsprechern simuliert, und schon wähnte ich mich im Urwald, in tropischer Hitze, die hier ja auch wirklich herrscht.

Ist Ihnen kalt? Hier werden Sie heiß wie nie in Ihrem Leben. Sauna, das sind diese heißen, kalten Schauer, diese brüsken Wechsel, die den Körper erbeben lassen, und das ist die Wohligkeit, die Sie sodann durchzieht – eine mächtige und nachhaltige Körpererfahrung. Der Wechsel zwischen Warm- und Kaltreizen »trainiert« die Blutgefäße, die sich weiten und zusammenziehen. Es geht darum, den Körper aufzuheizen, bis er in Flammen steht, ihn im Wasser zu löschen und sogleich eisgekühlt wieder auftauchen zu lassen.

Das Kulturgut der Sauna gehört zum Genialsten, was Menschen je erfunden haben; eine ebenso simple wie wirkungsvolle Technik der Sorge für sich selbst. Das nämlich bedeutet, in die Sauna zu gehen: Alle Aufmerksamkeit nur dem Körper zu widmen und zu erfahren, wie *selig* er darauf reagiert, das heißt wie sehr das, was wir »Seele« nennen, dabei aktiviert wird. Eine Übung auch für den

Geist: Die Meditation auf der Saunabank und auf der Liege in aller Muße weitet unwillkürlich den Blick auf die Welt und das eigene Leben. Die Gedanken beginnen zu fliegen, so dass schließlich, was als Körperpflege gedacht war, zur integralen Erfahrung von Körper, Seele und Geist wird. Es handelt sich um eine starke Form von Berührung, die von der körperlichen Erfahrung ausgeht. Jedem steht diese Übung zur Verfügung, keine wie auch immer geartete Schwelle kann Sie daran hindern, in die Sauna zu gehen.

Und ist es nicht herrlich, mal wieder nackt zu sein wie ein kleines Kind? Saunieren ist der Schulterschluss des modernen mit dem archaischen Menschen in sich selbst: Archaisch ist das Gefühl der Nacktheit, archaisch ist die Blockhütte, in der man sitzt und schwitzt, archaisch ist das offene Feuer, auch wenn es nur ein simuliertes ist. Wieder ursprünglich zu leben, wenigstens für diese Stunde, diesen Tag. Wer die Moderne in sich nicht auf diese Weise pausieren lässt, bleibt ihr ausgeliefert ohne Unterlass.

77 | In Hamburger beißen

Haben Sie schon mal in einen Hamburger gebissen? Ich meine, nicht in einen Bewohner der Hansestadt, sondern in ein Produkt gleichen Namens. Es als ein »Essen« zu bezeichnen, weigert sich mein Stift, mein Magen sowieso. Doch, ich habe es getestet. Ja, ich gebe zu, ich halte mich des öfteren in solchen Etablissements auf. Wenigstens kann ich Gründe dafür geltend machen: Ich möchte meinen Kindern ein liebevoller Vater sein, und da hat kein

Vater dieser Welt irgendwelche Wahl. Und als Philosoph hoffe ich den geheimnisvollen Bräuchen der Menschen auf die Spur kommen.

Was treibt die Menschen zu *Fastfood* weit mehr als zu *Slowfood*? Das »langsame Essen«, das einige pflegen, ist ökologisch korrekt und körperlich bekömmlich. Aber um ehrlich zu sein: Das »schnelle Essen« ist philosophisch interessanter. Denn es kann dabei gar nicht um das Essen gehen. Unzählige Male habe ich es selbst versucht, habe herzhaft in einen Hamburger reingebissen: Aber da ist nichts, kein Geschmack, der wahrnehmbar für Rezeptoren wäre; kein Widerstand, der den Zähnen spürbar würde.

Der Hamburger an sich ist ein umhülltes Nichts. Und viele Menschen suchen offenbar die Hülle des Nichts, nicht die Fülle irgendwelchen Inhalts. Mit der Hülle ist nicht so sehr die Verpackung gemeint, sondern etwas Gedachtes und Gefühltes, das dem Selbst rituell zugeführt wird, auf quasi-transsubstanziellem Weg. Wie soll das zu verstehen sein? Neuro-Marketingexperten und Werbefachleute können es erklären: Mit immer neuen Aktionen zielen sie auf das Gehirn, und hier nicht etwa auf das Geschmackszentrum, sondern auf denjenigen Bereich, in dem »Sinn« hergestellt wird, den präfrontalen Cortex. Die Menschen sollen Sinn darin sehen, das zu tun, was alle tun und was sie mit einer Unzahl von Menschen rund um den Planeten verbindet. Sinnlicher Sinn spielt nur eine Nebenrolle und wird von den leckeren Bildern auf den Werbetafeln, nicht vom »Essen« selbst bezogen.

Nahrhaft, kann man sagen, ist nie das Essen allein, sondern immer auch der Sinn. Wer ideellen Sinn im Leben findet, kann auf reale Nahrung sogar fast ganz verzichten. Ein Problem bei Hamburgern ist lediglich, dass es sich nicht nur um *Fastfood*, sondern auch um *Fast-sense* handelt. Für wahre Verehrer ist das freilich kein Problem: Gerne kommen sie wieder, um schnellen Sinn fürs Geld zu bekommen. Immerhin bis morgen hält er vor.

78 | Die Frage nach dem Sinn

»Was ist der Sinn dessen, was ich mache?« Es ist ein Phänomen, dass derjenige, der Sinn in seinem Tun und seinem Leben sieht, unendlich vieles bewältigen, aushalten und ertragen kann; wer aber keinen sieht, nichts. Während Sinn unbegrenzte Kräfte freisetzt, macht Sinnlosigkeit kraftlos, ausgebrannt, krank, und spätestens die Krankheit zwingt dann doch zum Nachdenken. Lange, sehr lange Zeit war Sinn einfach selbstverständlich vorhanden, niemand hat danach gefragt. Nun aber, da er schwindet, ist niemand darauf vorbereitet, ihn selbst finden zu können; ein solches Können ist nie erlernt worden.

Und es sind viele, die keinen Sinn mehr in ihrer Arbeit und in ihrem Leben sehen, zu viele, in allen Bereichen und auf allen Ebenen der Gesellschaft. Das ist insofern problematisch, als »Sinn« nicht nur die Lebensquelle des Einzelnen, sondern auch der Rückhalt der gesamten Gesellschaft ist. Ein »System« kann auf Dauer ohne Sinn nicht existieren, ein historisches Exempel hierfür war der Sozialismus. Insofern ist die Frage nach Sinn wie Dynamit, hoch explosiv; man muss vorsichtig damit hantieren und kann es doch nicht vermeiden. Menschen, die sich auf die Suche nach

Sinn begeben, kennen kein Halten mehr. Von heute auf morgen kann diese Frage das Leben umstürzen und ganze Systeme zum Einsturz bringen.

Ohne Sinn lässt sich nicht leben, nicht privat, nicht gesellschaftlich, nicht wirtschaftlich. Durch Geld ist Sinn nicht zu ersetzen: Materielle Sinn-Zusammenhänge sind deutlich weniger ergiebig als ideelle, sie setzen nicht dieselben unendlichen Energien frei. Es bewährt sich auch nicht, Menschen Sinn nur vorzugaukeln, also so zu tun, als ob das, was sie kaufen oder verkaufen, was sie schätzen und wie sie leben, Sinn habe. Gefragt sind überzeugende Gründe und handfeste Wahrheiten, um Sinn dort sehen zu können, wo wirklich Sinn ist, nämlich in Zusammenhängen, die nachvollziehbar sind.

In jedem Fall erscheint eine Antwort auf die Frage nach Sinn unverzichtbar fürs Leben. Und worin liegt nun der Sinn? Eine Antwort kann nur in Gedanken entworfen und dann im praktischen Leben selbst erprobt werden, beispielsweise diese: Sinn liegt in all dem, was mir so schön, so bejahenswert erscheint, dass es sich allein um dessentwillen schon zu leben lohnt. Können Sie dem zustimmen? Und was ist für Sie dieses Schöne?

Neon-Licht. Eine unnatürliche Ruhe, die der Anwesenheit so vieler Menschen widerspricht. Einzelplätze, Einzelmenschen vor einzelnen Bildschirmen, kein Kontakt nach links oder rechts, jeder unterhält seine eigene Verbindung zu einer Welt, die nicht hier ist. Von überall her dringt das Klacken der Tastaturen, Stimmen sind vom Empfangstresen her zu hören, ansonsten nur das Rauschen der Klimaanlage, das ist alles.

Gemütlich sind sie selten, die Internet-Cafés, egal ob in Riga oder Madrid, in Tiflis oder Amsterdam und vermutlich sonstwo auf dem Planeten. Keine Sitzgruppe für einen Kaffeeplausch, keine Lese-Ecke mit Sofa und Sesseln, keine Pflanzen, kein Blumenstrauß. Kaum ein »Guten Tag« oder »Auf Wiedersehen«, nur Einloggen, Ausloggen, dazwischen »Online sein« und auf diese Weise dabei sein. Die Unwohnlichkeit ist ein Zeichen dafür, dass die reale Welt unerheblich ist für den, der in die virtuelle Welt des Internet eintaucht.

Zugleich ermöglicht diese Technologie die neue Lebensform des elektronischen Nomaden, der mit aller Welt kommuniziert, während er sie durchquert: Das ist der Gewinn der virtuellen Welt, und ihr wichtigstes Transportmittel ist die E-Mail. Sie geht leicht von der Hand und bricht nicht unvermittelt und zur Unzeit in die Welt eines anderen ein wie das Telefonat. So ist eine schnelle Form der Kommunikation entstanden, die die Beteiligten in ihrer Zeiteinteilung dennoch frei sein lässt: Der virtuelle Briefkasten wird geöffnet, wann immer es passt.

Und doch ist der unbestreitbare Gewinn mit einem unwiederbringlichen Verlust verbunden: Anders als beim Brief erscheint nur ein standardisiertes Schriftbild auf dem Bildschirm. Das Papier ist ein beliebiges, nicht das von einem Absender ausgewählte mit seiner haptischen Qualität, seinem Duft. Der Blick fällt auf keine exotische Briefmarke mehr. Woher die Mail kommt, ist ihr äußerlich nicht anzumerken. Die Leichtigkeit, mit der sie geschrieben werden kann, verführt zum Leichtsinn, zum unüberlegten Ausdruck, zu einer Direktheit ohne Rücksicht auf den Adressaten. Und die Zeit der Briefsammlungen ist unwiderruflich dahin und kommt nicht wieder. Der Fortschritt ist in Wahrheit ein Stillstand: So viel, wie gewonnen wird, wird immer auch verloren. Immerhin sieht der Stillstand wie Fortschritt aus: Das macht ihn so attraktiv für moderne Menschen.

80 | Alles in Ordnung bei Ihnen?

Genüsslich studiere ich die Speisekarte. Sie bietet alles, was das Herz begehrt und was der Mensch zum Leben braucht: Wurstsalat, Bratwurst und dergleichen. »Was darf's denn sein?« Der Kellner ist gut ausgebildet. Er zuckt nicht einmal mit den Mundwinkeln, als ich mich für die Bratwurst und nicht für den in Kräutern gedünsteten Lammrücken an Hummersauce (oder so ähnlich) entscheide. So ermutigt, bestelle ich auch noch ein ordinäres Bier und verschmähe den samtigen Roten aus Bordeaux, Chile, Australien oder sonstwoher.

Als ich endlich vor mich hinmümmeln kann, streift der Kellner wieder den Tisch: »Sind Sie zufrieden?« Gerade bin ich dabei, ein Stück Bratwurst in den Mund zu schieben und gebe mit vollem Mund zurück: »Alles bestens.« Kaum habe ich den Bissen runtergeschluckt, steht auch die Dame des Hauses vor mir, in formvollendeter Höflichkeit: »Alles in Ordnung bei Ihnen?« Ich erschrecke zutiefst, denn das erscheint mir, ehrlich gesagt, nun doch etwas indiskret. Unwillkürlich fühle ich mich daran erinnert, dass ich mal in aller Öffentlichkeit gefragt wurde: »Wie schätzen Sie Ihren gegenwärtigen geistigen Zustand ein?« Damals antwortete ich wahrheitsgemäß: »Knapp oberhalb der Demenz.« Und es ist seither nicht besser geworden.

Die feinfühlige Frau wendet sich ab, als sie bemerkt, wie tief sie mich getroffen hat. Endlich habe ich Ruhe. Aber nur für fünf Minuten, dann taucht erneut der Kellner auf: »Hat es Ihnen geschmeckt?« Das ist gewiss nicht perfide gemeint, aber eigentlich schmeckt es mir noch immer, denn ich gehöre zur Gattung der Wiederkäuer. Ich pariere die Attacke mit einem lässig hingeworfenen: »Vorzüglich.« Dann gebe ich mich der Zeitungslektüre hin und schlürfe den finalen Espresso.

Mitten in die entspannte Atmosphäre hinein platzt wieder die Stimme des Kellners: »Haben Sie noch einen Wunsch?« »Ja«, brülle ich da. »Lassen Sie mich in Ruhe!« Natürlich brülle ich nur in Gedanken, von meinen Lippen trieft stattdessen, betont routiniert: »Momentan nicht, danke.« In Wahrheit habe ich nur den einen, innigen Wunsch: Ich möchte vergessen werden. Ich möchte nur Luft sein in einer Ecke des Raumes. Die Luft schwebt auf einer Wolke der Zufriedenheit und atmet ätherisch vor sich hin. Und irgendwann weht sie einfach davon. Nicht ohne zuvor die Rechnung beglichen zu haben.

Die Arbeit musste unbedingt zu Ende gebracht werden. Jetzt ist sie fertig, und Sie sind es auch. Sie haben seit Tagen kaum noch geschlafen, und nun sind Sie »kaputt«. Das ist der Weg, die eigenen Grenzen kennen zu lernen: sie gelegentlich zu überschreiten. Es gibt geradezu das Verlangen danach, nicht nur vage das Potenzial, die »Potenz« dazu in sich zu spüren, sondern es wirklich wissen zu wollen und den »Akt« zu vollziehen.

Nun wissen Sie, wie viele Reserven an Kräften in Ihnen stecken. Aber nun wird Ihnen auch schmerzlich klar, dass diese nicht beliebig zur Verfügung stehen und nach einer Verausgabung so rasch wie möglich Erholung brauchen. Und das, so stellt sich heraus, ist gar nicht so einfach: So groß wie die Konzentration war, so sehr zittern Sie jetzt, da alles getan ist, am ganzen Leib, und nicht etwa nur für eine Stunde, sondern mehrere Tage lang. Eine nicht ungefährliche Zeit, denn die Konzentration hat zuletzt auch noch die Kräfte des Immunsystems in Anspruch genommen; käme jetzt etwas »angeflogen«, wären Sie ausgeliefert.

So knochentief ist die Müdigkeit, dass Sie nichts mehr lesen können, kein Wort mehr sagen wollen. Die Gedanken toben noch, und eine flackernde Aufmerksamkeit ist noch wirksam, die sich an allem festbeißt und an nichts hängen bleibt. Irgendein Kloß würgt im Hals, vor Erschöpfung könnten Sie geradezu weinen – um zugleich unter Tränen zutiefst zufrieden zu sein mit sich und der Welt. Denn jetzt wissen Sie, wozu Sie in der Lage sind. Eine große Gelassenheit resultiert daraus. Sie fühlen sich frei, frei von der Ge-

bundenheit an diese Aufgabe, die alle Kräfte für sich beansprucht hat, die Zeiteinteilung beherrscht und schlaflose
Nächte gekostet hat. Wie herrlich es ist, jetzt keiner Forderung mehr genügen zu müssen, sondern völlig erschöpft
sein zu dürfen!

»Erschöpft, aber glücklich«: Tatsächlich kann die Erschöpfung zu einer Art von Glück führen. Es ist das Glück der
Fülle, inmitten aller Leere wird es fühlbar: ein Erfülltsein,
für das sich die Frage nach dem Sinn nicht mehr stellt.
Einen solchen Genuss, der sich der leidvollen Erfahrung
verdankt, können gewöhnliche Lüste nicht bieten. Dank-
barkeit macht sich in Ihnen breit, aber Sie wissen nicht
recht, gegenüber wem. Denn die wesentlichen Kräfte,
das fühlen Sie in diesem Moment, kamen nicht wirklich
von Ihnen. Aber woher kamen sie dann?

82 | Eine kleine Aufmerksamkeit

Leiden Sie auch darunter, dass niemand Ihnen Beachtung
schenkt? Dass kaum jemand bemerkt, wie hervorragend
Sie die Herausforderungen am Arbeitsplatz bewältigen
und wie vorzüglich Sie zu Hause kochen? Sehen Sie, das
ist etwas, das Sie und ich mit den meisten anderen Menschen gemeinsam haben: Alle fühlen sich nicht gebührend
gewürdigt. Und einige leiden darunter, dass gerade wir es
sind, die ihnen nicht die Aufmerksamkeit entgegenbrin-
gen, die sie verdienen.

Aufmerksamkeit ist eine enorm wichtige, zugleich extrem
knappe, daher äußerst umstrittene Ressource. Es handelt
sich um die gezielte Ausrichtung körperlicher, seelischer,

geistiger Energien, zu erkennen an der äußerlichen Richtung des Blicks, an der innerlichen Konzentration eines Menschen. Die Aufmerksamkeit, die auf etwas oder jemanden gerichtet ist, ermöglicht auch, Einzelheiten und Feinheiten wahrzunehmen. In der modernen Gesellschaft aber schwindet sie, übermäßig beansprucht von allen Seiten, angezogen von flimmernden Bildern, schreienden Werbetafeln, lockenden Events. Kaum einer hat noch Aufmerksamkeit übrig, und doch braucht jede und jeder sie zum Leben.

Denn das ist die Macht der Aufmerksamkeit: Die durch sie vermittelten Energien sind von solcher Intensität, dass ein Mensch darin aufzuleben und aufzublühen vermag, umgekehrt jedoch bei ihrem Ausbleiben in sich versinkt und verkümmert. In der Ressource, die die Aufmerksamkeit darstellt, ist daher eine Quelle des Lebens zu sehen, nur so lässt sich das nachhaltige und zuweilen heftige Bemühen, ja der Kampf um sie erklären: Ohne Aufmerksamkeit droht ein Leben im Nichts.

Und wie lässt sie sich nun neu gewinnen, wenn sie so wenig entbehrt werden kann? Das geschieht am besten durch die Weigerung, sie stets nach allen Seiten abziehen zu lassen, und durch die gesteigerte Aufmerksamkeit auf sich selbst. Ansonsten fühlen wir uns missachtet von uns selbst, und das ist noch folgenschwerer als die Missachtung durch andere. Wenn es gelingt, auf sich selbst aufmerksam zu sein, dann wachsen uns auch wieder die Kräfte zu, Aufmerksamkeit anderen zukommen zu lassen. Und wenn es nur ein Blick ist, mit dem wir im Alltag jemanden, dem wir begegnen, wenigstens zur Kenntnis nehmen: Nur eine kleine Aufmerksamkeit, aber wie viel sie bedeutet, wissen wir ganz gut aus eigener Erfahrung.

83 | Unser Lebenstram

Da kommt sie um die Ecke, majestätisch, oder einfach nur gemächlich, wie immer. Lieben Sie auch die Straßenbahn? Besonders mag ich in Zürich »die 6«: Steigen wir ein, fahren wir zum Zoo. Ruhig überquert sie die Limmat, um dann zügig den Zürichberg hochzusteigen. Kraftvoll nimmt sie die Serpentinen, bevor sie am Ende mit einer Kreisfahrt abschließt. Eine andere Welt empfängt uns hier, hoch über dem lärmenden Stadtzentrum. Nur ein paar Schritte höher noch und wir blicken über den See, hinter dem ein wundervoll verschneites Bergpanorama aufgeschichtet ist.

Hier lässt sich tief durchatmen und der Muße frönen – und über den Sinn des Lebens und des Tramfahrens nachdenken, gerade jetzt, da das vertraute Geräusch entschwunden ist. Die Straßenbahn, die Trambahn, schwyzerisch *das* Tram, ordnet das städtische Leben rhythmisch, zyklisch. Auch ohne das Quietschen und Fiepen, das bei allen Straßenbahnen die Regel ist, nur in Zürich nicht, wo die Lärmquellen systematisch beseitigt worden sind, jetzt sogar bei der 90-Grad-Biegung am Bahnhofplatz.

Die Abschaffung der Straßenbahn, die angeblich zu viel Platz beansprucht, war das Credo der autogerechten Stadt vor allem in den siebziger Jahren des 20. Jahrhunderts. Ihre triumphale Wiederkehr, von vielen herbeigesehnt, kennzeichnete etwa in Berlin die Wende zum 21. Jahrhundert. In Athen kehrte sie rechtzeitig zu den Olympischen

Spielen 2004 zurück. Was war geschehen? Ihre Unentbehrlichkeit für die Einrichtung des Lebens in der modernen Stadt war durch ihre Abwesenheit offenkundig geworden. Sie repräsentiert Verlässlichkeit in einem Leben, das ansonsten alltäglich aus den Fugen zu geraten droht. Ihre Linienführung, klar und sichtbar in Eisen gegossen, dient zur steten Orientierung des städtischen Lebens; auf sie kann man sich beziehen, von ihr ausgehen, zu ihr zurückkehren. Die Regelmäßigkeit des Fahrplans vermittelt Normalität gerade dort, wo diese zur seltenen Ressource wird. Inmitten der fluktuierenden Stadt entsteht eine feste Struktur, die die Busse so nicht bieten können; zu sehr sind sie abhängig von den Unwägbarkeiten und Wechselhaftigkeiten, Verzögerungen und Ausweichmanövern des Verkehrs, über den die Straßenbahn auf ihrem »Gleisbett« erhaben ist.

Aber nun ist es Zeit, wieder herabzukommen vom Berg. Der Fahrer klingelt gar nicht erst, steigen wir rasch ein, bevor es wieder losgeht, das regelmäßige Dahingleiten durch die Stadt in unserem Lebenstram.

84 | Gedanken zur Zeit

Könnten Sie mir bitte sagen, wie viel Uhr es ist? Ich weiß, das ist eine etwas plumpe Art, ein Gespräch zu beginnen, aber was soll ich machen, es interessiert mich wirklich: Wie viel Uhr ist es? Sie meinen, ich könnte mir vielleicht selbst mal eine Uhr besorgen: Ja, aber dazu müsste ich erst mal sicher wissen, wie viel Uhr es ist, um zu entscheiden, ob es sich überhaupt lohnt. Denn was ist, wenn die Uhr die falsche Zeit anzeigt? »Elf Uhr«, sagen Sie. Danke, aber sind Sie sicher? Woher wissen Sie das? Sie haben auf die Uhr geschaut, klar, aber die besteht nur aus Zahlen und rotierenden Zeigern. Das soll wirklich »die Zeit« sein? Was ist Zeit, und für wen? Mit Sicherheit kennen Menschen anderer Kulturen noch andere Zeiten. Und stellen wir uns vor, Besucher vom Sirius kämen auf der Erde an: Würde ihnen unsere Zeitmessung, die von der Dauer einer Erdumdrehung abgeleitet ist, irgendetwas sagen?

Das Verrückte ist: Kein Mensch weiß wirklich, was Zeit ist. Man kann mit guten Gründen bestreiten, dass es sie überhaupt gibt. Freilich, das hilft uns nicht weiter, wir müssen dennoch mit der Zeit zurechtkommen, die es nicht gibt. Und wir haben gute Gründe, an der bestehenden Zeitordnung festzuhalten, beispielsweise um Verabredungen einhalten zu können. Ein Kalender kann dabei hilfreich sein, um dem ewigen »Irgendwann« gelegentlich ein bestimmtes Datum zu geben. Daneben können wir aber noch ein freieres, wählerisches Verhältnis zur Zeit pflegen, uns manchmal an sie halten, und manchmal auch nicht. Wir können »blaue Stunden« einrichten, und sei es nur für eine Viertelstunde am späten Abend, oder für einen halben Tag zwischendurch. Was wir dann machen? Nichts. Es ist die leere Zeit, die sich von selbst füllt mit Kreativität: Nichts zu tun, nichts zu denken, und plötzlich verarbeiten sich alte Erfahrungen ganz von selbst und neue Gedanken denken sich.

Haben Sie schon einen Plan, was Sie heute machen wollen? Schön, dann kann ja nichts schief gehen, der erste Teil des Umgangs mit der Zeit ist damit abgedeckt, Sie gewinnen Zeit und nutzen sie optimal, ein hervorragendes Zeitmanagement. Vergessen Sie nur den zweiten Teil nicht, vergessen Sie nicht, dass heute Sonntag ist, Tag der freien Zeit, gute Gelegenheit für eine blaue Stunde: Zeit zu verschenken, zu verschleudern, zum Fenster hinauszuwerfen ...

85 | Geschlürfte Moleküle

Nehmen Sie Zucker? Ich lieber ohne, Zucker verfälscht (sagt meine Zunge) den Geschmack der Bohnen, etwas Milch hingegen macht ihn mild. Aber die Kunst, Espresso zu trinken, ist eine sehr persönliche, auch wenn sie ihre Voraussetzungen kennt: Dass es unterschiedliche Bohnen und verschiedene Röstungen gibt, habe ich erst spät verstanden. Nicht zu spät.

Man sollte beim Kaffee keine Kompromisse machen. Wie so oft im Leben muss man's aber doch. Dann sitzt man da mit einer Pfütze voll Robusta-Aufguss. Und jetzt? Echte Selbstdisziplin verlangt, sitzen zu bleiben und auch diese Tasse nicht auf einmal hinunterzukippen, sondern schlückchenweise zu schlürfen. Das ruiniert keineswegs die Geschmacksnerven, sondern präpariert die Kontrasterfahrung für einen Arabica-Hochgenuss.

Gesteigert wird der Genuss aber vor allem durch das unscheinbare Glas Wasser, wenn es denn serviert wird: Es dient nicht etwa nur dazu, den Wasserhaushalt des Körpers wieder auszugleichen. Sein Sinn liegt vielmehr darin, die Geschmacksnerven zwischen den einzelnen Schlücken zu neutralisieren, so dass der unverfälschte Kaffeegeschmack immer neu hervortreten kann.

Und wie viel Zeit sollte man ihm schenken? Eine Stunde,

auch zwei für einen Espresso: Das erscheint mir nicht zu viel. Ich weiß, es heißt *Espresso*, aber es pressiert nicht, ich mache lieber einen *Lento* daraus: Das ist mein Beitrag zur Verlangsamung der Zeit. Sie denken, das sei doch nur zum Verdruss der Serviererin? Keine Sorge, sie wird angemessen entlohnt. Der Kaffee, wenden Sie ein, wird kalt? Aber kalter Kaffee macht bekanntlich schön. Dann wenigstens, raten Sie, einen doppelten Espresso? Ausgeschlossen, Völlerei! Wenn überhaupt, dann nur jetzt im Winter, da der Kreislauf ein wenig Anschwung braucht.

Zuletzt verrate ich Ihnen (aber nur Ihnen) noch ein Geheimnis: Ein paar letzte Tropfen, mehr nicht, lasse ich in der Tasse übrig. Die ziehe ich dann, bevor sie vertrocknen, *unter die Zunge*, und nehme ihren Geschmack heimlich mit. Diese paar geschlürften Moleküle dringen tiefer ein als die vielen Schlückchen zuvor, und sie halten lange vor auf dem unvermeidlichen Weg zurück ins alltägliche Leben.

86 | Ins Bett gehen

Ah, welche Wohltat! Abends ins Bett zu schlüpfen, sich zwischen die Kissen zu kuscheln und dahinzudämmern in der Wärme, die alle Kälte abweist. Aber haben Sie schon einmal bedacht, in welchem Museumsstück Sie da eigentlich schlafen? Ich meine nicht Ihr Bett persönlich, sondern das Bett an sich. Eigentlich wäre es überfällig, mal was Neues zu erfinden, zum Beispiel einen Schlafsack, den man an der Wand festmacht – aber den gibt es nur auf Weltraumstationen, auf der Erde ist das nicht so praktikabel.

Woher kommt das Bett? Einst eroberte der Mensch die aufrechte Haltung, dann bemerkte er, wie ermüdend sie ist; seither sucht er Erholung in der Horizontalen. Sehen wir die lange Geschichte, die zum Bett führt, im Zeitraffer, dann erscheint zunächst eine Ecke in der Höhle als Schlafstelle. Höhlenzeichnungen künden schon vom frühen Erwachen der Erregung, denn die liegende Haltung scheint auch der Liebe förderlich zu sein. Zwar ist der typische »Schlafzimmerblick« noch nicht genau zu erkennen, aber Tierfelle polstern bereits den Untergrund. Gesten und Gebräuche entwickeln sich, die nicht für andere Augen bestimmt sind, so dass die fragliche Stelle immer blickdichter gestaltet wird. Wände wachsen zur Abschirmung in die Höhe, auch zum Schutz vor wilden Tieren. Eine obere Etage wird gebaut, damit das unten im Stall liegende Vieh die »Bettstelle« wärmt. Spät erst entsteht das Gestell, das wir gewohnt sind, Bett zu nennen; auf einen Sockel wird es gestellt wie ein Altar, und weiteres Mobiliar gruppiert sich darum herum. Über seine Funktion hinaus wird es schließlich zum Prunkstück, und der Phantasie der Ausgestaltung sind keine Grenzen mehr gesetzt.

Im schönsten Bett aber lag ich einmal in Indien. Ein hochgestelltes Blech im Sand am Ufer des Ganges schützte mich vor dem kalten Wind. Da kam spät noch ein junger Mann vorbei und meinte, das sei kein bequemer Platz zum Schlafen. Er bot mir einen Platz in seiner Hütte an und deutete auf den nackten Boden in einer Ecke des Raumes. Meinem Blick entnahm er, dass offenbar noch etwas fehlte, und so gab er mir auch noch ein Kopfkissen: Es war ein Ziegelstein. Ich schlief wunderbar. Seither weiß ich, was das Bett in Wahrheit ist: Eine Stelle im Raum. Eine Nische, in der der Mensch wohnt, wenn er »nicht bei sich« ist. Der Rest ist Luxus. Aber den genieße ich seither sehr bewusst.

87 | In Büchern zu Hause sein

Fühlen auch Sie sich dort zu Hause, wo Bücher sind? Die Bücherwand in der Wohnung lädt dazu ein, in ihrem Schutz Platz zu nehmen. Als regelrechte Fluchtburg aus der alltäglichen Enge erscheint zuweilen die öffentliche Bibliothek. Und Buchhandlungen werden zu Lebensorten, wenn sie es ermöglichen, sich in eine Ecke zu setzen und nach Herzenslust zu schmökern. Was ist der Grund dafür, dass Bücher Gefühle der Geborgenheit vermitteln?

Gewiss erscheint zunächst nur, dass Bücher Möglichkeiten repräsentieren. Sie provozieren die Frage, was in ihnen wohl drinstehen mag. Über die jeweils herrschende Wirklichkeit hinaus sprechen sie Gefühle an und bringen uns auf Gedanken, wecken Phantasien und locken Ideen hervor, lassen uns davon träumen, welche Geschichten und Schicksale in ihnen verborgen sein könnten. Das Erstaunliche ist: Das bringt schon ihre bloße Anwesenheit zustande, sie müssen nicht notwendigerweise auch gelesen werden. Schon das bloße Denken daran lässt die Welt der Möglichkeiten lebendig werden, so dass im Umfeld von Büchern die Welt reicher und vielfältiger als irgendwo sonst erscheint.

Bereits beim Besuch in der Buchhandlung wird die Weite dieses Reiches erfahrbar, das jede Enge sprengt, und in der Bibliothek nimmt es gar die Ausmaße eines Kosmos an:

Unendliche Möglichkeiten finden sich hier, bis in alle Ewigkeit werden Entdeckungen zu machen sein, nie ist irgendwelche Leere und Langeweile zu befürchten. Wenn das schon für die bloße Präsenz von Büchern gilt, dann erst recht für das Eintauchen in sie. Sobald wir zu lesen beginnen, verlassen wir die gewohnte Welt und treten in ein anderes Leben ein. Anregung, vielleicht sogar Erregung erfahren wir dabei. Gleichsam beiläufig eignen wir uns neue Sichtweisen an und gewinnen neue Möglichkeiten der Gestaltung unserer selbst und unseres Lebens. Das Lesen wird zum Instrument der Lebenskunst.

Und es wird zu einer Heimkehr. Denn alle Wirklichkeit kommt aus dem Raum der Möglichkeiten, und das gilt zweifellos auch für die Wirklichkeit unseres Daseins. Aus tiefstem Herzen fühlen wir Geborgenheit in Büchern und ihrem Umfeld, da hier das heimatliche Reich der Möglichkeiten offensteht. Und sollte die Wirklichkeit uns gelegentlich ratlos machen, so suchen wir eben unser Zuhause wieder auf: Wo Bücher sind, finden wir Trost. Und eine Möglichkeit, die uns weiterhilft.

88 | Haben wir eine Seele?

»Seele«, was ist das? In Tausenden von Jahren gab es hierüber Tausende von Meinungen. Objektiv nachgewiesen hat sie noch niemand. Es heißt, sie wiege »21 Gramm«, die ein Mensch plötzlich weniger auf die Waage bringt, wenn er gestorben ist; aber Genaueres wissen wir nicht. Beobachten lässt sich allenfalls, was geschieht, wenn auf sie verzichtet wird, denn die gesamte moderne Gesellschaft scheint ein Großexperiment in dieser Hinsicht zu sein. Fühlen wir uns wohl dabei, immer seelenloser zu werden? Offenbar fehlt etwas Wesentliches, wenn die Seele fehlt. Was läge näher, als einfach anzunehmen, dass es sie doch gibt, eben als ein unbekanntes X?

Typisch für dieses X scheint zu sein, sich allen Festlegungen zu entziehen. Wir dürfen also vermuten, die Seele sei ein undefinierbarer Raum. Dieser Raum wird besetzt von Vorstellungen, von immer neuen Deutungen und Interpretationen, nämlich dessen, was unter »Seele« verstanden werden kann. So tritt sie als potenziell unendlicher Raum in Erscheinung, und eine mögliche Deutung sieht diesen Raum angefüllt mit Energie, die sich zwar nicht messen, aber von jedem Einzelnen erfahren lässt: Es ist diese Energie, die ihn belebt oder ihm fehlt.

Wenn dies grundlegend für die Seele ist, dann lassen sich auch Mutmaßungen über ihre Räumlichkeit und Zeitlichkeit anstellen: Räumlich gehört sie offenkundig dem Körper zu, aber sie kann ihn überschreiten und weit über ihn hinausgehen, kenntlich an der »Ausstrahlung« und an der immer möglichen seelischen Kommunikation von Menschen über weite Räume hinweg. Umgekehrt kann sie sich in solchem Maße in den Körper zurückziehen und geradezu in ihm verbergen, dass kein Strahlen in den Augen mehr von ihr kündet. Zeitlich wiederum fühlen wir uns zuweilen so, als würde die Seele nur bedingt an die Lebenszeit des Köpers gebunden sein. Wenn das zutrifft, dann vermag sie vor seiner Zeit wie auch danach noch zu existieren, in welcher Form auch immer.

Aber wichtiger als jede Diskussion über die Existenz der Seele dürfte sein, sie zur Vorsicht schon mal zu pflegen, nur für den Fall, dass es sie wirklich geben sollte. Aufmerksamkeit hält sie am Leben und sorgt dafür, nicht erst nach ihrem Tod zu bemerken, dass sie tatsächlich existiert haben muss. So können wir für den Seelenraum Sorge tragen, um diejenige schöne Seele zu realisieren, die uns als bejahenswert erscheint.

89 | Endlich weise werden

Das Jahr neigt sich, und regelmäßig überfällt uns in dieser Zeit der Wunsch, endlich weise zu werden. Ist es nicht die Aufgabe der Philosophie, Weisheit zu vermitteln? Streng genommen nicht, nein, die Philosophie ist wörtlich nur die »Liebe zur Weisheit«. Und das bedeutet, der Philosoph hat sie nicht, er verlangt nur nach ihr, wie immer in der Liebe.

Weisheit ist ein starkes Wort. Für stoische Philosophen wie Seneca war dies geradezu das Ideal: weise zu werden. Aber gefragt, wer das denn schon erreicht habe, war die Antwort klar: Eigentlich niemand, der Einzige könnte vielleicht Sokrates gewesen sein. Und worin bestand dessen Weisheit? »Ich weiß, dass ich nichts weiß!«

Das zeugt von Bescheidenheit, hilft uns im Alltag aber nicht weiter. Gerne würde ich etwas dazu beitragen, dass Sie und ich endlich weise werden, aber es ist nicht klar, was darunter sonst noch verstanden werden könnte. Selbst die »Weisheitsforschung« bringt uns wenig, denn in ihren Augen strotzt der Weise wiederum nur so vor Wissen: Faktenwissen, Strategiewissen, Wissen um Kontexte, Wissen um Ungewissheit, Wissen um Relativität. Hilfreicher ist da schon die Beobachtung, dass der Weise entschiedener auswählt als andere, dass er das Ausgewählte sorgfältiger pflegt und dass er das, wovon er nichts versteht, rasch durch etwas anderes ersetzt. Er beherrscht also, komplizierter gesagt, Selektion, Optimierung und Kompensation.

Aber wie kommt er dazu? Ganz einfach dadurch, dass er den Blick fürs Wesentliche behält und sich nicht vom schmückenden Beiwerk blenden lässt. Die Philosophie als Liebe zur Weisheit ist daher eine Aufmerksamkeit fürs Wesentliche, nicht nur allgemein, sondern in all den Einzeldingen des Lebens. Und sie ist die Bereitschaft zur Orientierung des Lebens an dem, was sich als wesentlich erweist. Die Grundlage dafür ist die ständige Unruhe des Fragens: Was ist dies und jenes eigentlich, was steckt dahinter, was liegt der Sache zugrunde, worauf kommt es an?

Diese Fragen sind wichtig, aber schweigen wir über die Antworten. Seien wir ehrlich: Die Trauben der Weisheit hängen für uns viel zu hoch, auch wenn das etwas peinlich ist, zumindest für Philosophen. Weisheit geschieht uns gelegentlich, wir wissen nicht wie, und wir sollten uns ihrer nicht rühmen, denn morgen schon ergreift wohl wieder eine kleine Dummheit von uns Besitz.

Wo liegt nur wieder der Schlüssel? Vor einer Stunde hatte ich ihn doch noch ... aber wo? »Ja, genau so ist es«, werden Sie sagen. »Das passiert mir auch ständig!« Aber könnten wir nicht vielleicht etwas dagegen tun?

Wir könnten dem Leben eine gewisse Ordnung geben. »Ach«, seufzen Sie, »alles schon versucht. Funktioniert nicht. Außerdem ist es langweilig!« Sie haben Recht: Das Leben soll spannend bleiben, und einen guten Teil seiner Spannung bezieht es nun mal aus der alltäglichen Frage, wo der Schlüssel heute wohl wieder liegen könnte. Oder wollen wir die Spannung doch lieber anderen, wichtigeren Dingen anvertrauen?

Dann würde die Idee einer Ordnung an Attraktivität gewinnen. Nein, nicht einer rationalen Ordnung, sondern einer Ordnung, die dem Chaos der Dinge Rechnung trägt. Nicht als ein »Muss«, sondern als ein »Kann«: es damit einfach mal zu versuchen. Die Ordnung der Dinge kann ruhig eine chaotische bleiben, entscheidend ist allein, wie wir uns darauf einstellen. Wir brauchen dafür eine Logik, die dem Eigenleben der Dinge folgt, statt sie äußeren Zwängen zu unterwerfen. Die Logik wird vom Leben selbst vorgegeben, hervorgehend aus Zufall und Notwendigkeit sowie unseren eigenen Vorlieben und Abneigungen.

Die Regel dieser Logik ist ganz einfach: Alle Dinge haben ihren lebenslogischen Ort. Lebenslogisch ist der Ort, an dem wir sie aller Erfahrung nach zuallererst suchen. Den Schlüssel zum Beispiel vermuten Männer in der Hosentasche, Frauen in der Handtasche. Da gehört er also naturgemäß hin, dieser Ort allein soll seiner sein. Von dort holen wir ihn und an ihn bringen wir ihn ohne Umweg wieder zurück. Fortan soll dieser Ort nicht mehr, auch nicht für einen Moment, gewechselt werden. Ist das nicht genial?

Sie müssen zugeben: Das ist eine echte *Innovation*, die ein altes Menschheitsproblem endlich zu lösen vermag. Die Idee vom lebenslogischen Ort bedarf nur noch einer kurzen Versuchsphase vor der Markteinführung, die sehr zügig angegangen werden muss, denn die Konkurrenz auf dem Markt der Ideen schläft nicht. Was mich angeht, stecke ich bereits mitten in der finalen Erprobung. Verflixt nochmal, wo habe ich nur den Schlüssel hingelegt? In der Hosentasche ist er nicht. »Lebenslogischer Ort«, klingt gut. Aber es scheint mehrere zu geben. Und wo ist nun der richtige?

91 | Ist der Mensch frei?

Lebenskunst heißt, das Leben bewusst zu führen. Aber ist es nicht weniger anstrengend, das Leben unbewusst einfach nur so dahingehen zu lassen? Und wenn doch die Anstrengung bevorzugt wird: Ist es überhaupt möglich, das Leben »bewusst zu führen«? Ist der Mensch frei dazu? Haben nicht jüngst die Neurobiologen herausgefunden, dass die Freiheit nur eine Illusion ist? In Wahrheit, so sagen sie, funkt es ohne unser Zutun plötzlich in unserem Gehirn, und erst dann glauben wir, aus freien Stücken zu handeln, während wir nur ein vorgegebenes Programm erfüllen.

Forschungen wie diese sind faszinierend. Und doch gibt es Gründe zur Vorsicht, denn die Ergebnisse beruhen auf

Messungen. Dafür sind Messgeräte erforderlich, und niemand kann wissen, ob sie wirklich alle wichtigen Daten mit der nötigen Feinheit erfassen. Immerhin stehen die Messgeräte von gestern heute schon im Museum – und gewiss ist nur, dass auch den gegenwärtigen Geräten dieses Schicksal noch bevorsteht. Die Geltung der gegenwärtigen Erkenntnisse »für immer« behaupten zu wollen wäre unwissenschaftlich; vielmehr werden neue Erkenntnisse die gegenwärtigen revidieren. Die Wissenschaftsgeschichte zeigt, dass Wissen immer wieder von neuem Wissen überholt wird – und nichts spricht dafür, dass dieser Prozess ausgerechnet heute zu Ende geht. Wissen kann nun mal, anders als sein Begriff glauben macht, keine letzte Gewissheit bieten. Angesichts dessen wäre es unklug, sich an seine gegenwärtige Form zu binden. Mit der daraus resultierenden Ungewissheit zu leben gehört zur Lebenskunst.

Wie es sich in Wahrheit mit der Freiheit verhält, wird wohl nie zweifelsfrei zu klären sein. Und sollte sie wirklich nur eine Illusion sein: Dann ist sie eben eine schöne Illusion. Darüber hinaus auch eine nützliche, denn so bleibt immer etwas zu tun. Nur der, der daran glaubt, vollkommen von seinen funkenden Neuronen bestimmt zu sein, kann die Hände gleich in den Schoß legen. Oder auch tun und lassen, was er will, denn er ist ja nicht dafür verantwortlich: Er ist nur der Agent seiner zuckenden Neuronen und kann das bei jeder Tat oder Untat geltend machen. Gestern glaubten Menschen an Gott und seine Vorsehung, heute glauben sie an die Neurobiologie und ihre Vorherbestimmungen. Morgen vielleicht dann doch wieder an Gott. Schon weil es poetischer ist.

Die Orange, die ich schäle, verbreitet einen solchen Duft, dass die Kinder herbeieilen und begeistert »Weihnachten« rufen. Weihnachten ist jetzt noch nicht, aber eine ganze Abfolge von vertrauten Szenen, Gewohnheiten, Ritualen nimmt ihren Lauf. Dem will ich mich nun anvertrauen, will mich zurücklehnen und tief durchatmen. Das Jahr ist mehr oder weniger gelaufen, und wie auch immer es gelaufen ist, es lässt sich ohnehin nicht mehr viel daran ändern.

Nicht das Geschäftige, Öffentliche ist weiterhin vordringlich. Der Rückzug ins Private ist vielmehr erlaubt, legitimiert und respektiert. Mögen andere sich jetzt erst recht dem ultimativen Stress der Weihnachtsbesorgungen ausgesetzt fühlen: Für mich ist dies die Zeit für mich selbst, für die Familie, die Freunde. Ein wenig Frieden kehrt in die gehetzte Seele ein, der Zauber dieser Zeit entfaltet sich: Die gelblichen Lichter, die in der früh einbrechenden Dunkelheit so heimelig erscheinen. Die Bedürftigkeit nach Wärme, die die Nähe zu anderen suchen lässt. Eine andere Art von Zeit kommt wieder zur Wirkung: Gegenüber der linearen, rasend schnell vergehenden modernen Zeit die zyklische, zuverlässig wiederkehrende Zeit der Nicht-Moderne. Die Vorweihnachtszeit mit ihren tradierten Formen und Ritualen und ihrer Besinnlichkeit gewährt Erholung von der Anstrengung, die es bedeutet, modern zu sein.

Diese Zeit der Heimeligkeit kontrastiert mit der Unheimlichkeit der Welt, die vielen sonst so oft zu schaffen macht. Ist es verwunderlich, dass diese Zeit Träume vom ewigen

Frieden reifen lässt? Könnte die Welt nicht immer so sein wie jetzt, da sogar der Himmel sich öffnet und mit dicken weißen Flocken alle Welt sanft überdeckt? Unendlich friedlich nimmt sich alles aus in dieser weißen Pracht, in der die Lichter glimmen; die Stimmen sind wattiert, die Laute gedämpft, alle Fortbewegung wird gemächlich, der durchfrorene Spaziergänger sucht die gute Stube auf, um sich am Glühwein zu wärmen.

Und doch – was wäre, wenn die Welt dauerhaft so wäre? Werde ich nicht selbst nervös, wenn diese Zeit zu lange dauert? Zum Zauber dieser Zeit gehört daher ihre Begrenztheit, die sie so wertvoll macht. Die entscheidende Herausforderung ist, sie auch wieder gehen lassen zu können ohne Bedauern. Ganz gemäß der alten Weisheit: »Ein jegliches hat seine Zeit . . .«

93 | Ganz selbstvergessen

Immer tiefer versinken Sie im Sessel. Stunde um Stunde vergeht, aber Sie bemerken es nicht. Völlige Zeitlosigkeit, vollkommene Sorglosigkeit: Das ist die Selbstvergessenheit, eine trancehafte Erfahrung. Wer sich selbst vergisst, fühlt sich nicht mehr als »Einzelner«, nicht mehr als »Ich«, sondern als Teil eines Ganzen, in dem er mitfließt, zeitweilig sogar ganz darin zerfließt.

Beim Tun, aber auch beim Nichtstun, beim Lieben, aber auch beim Alleinsein kann dieser Zustand entstehen. Die Fähigkeit zur Hingabe scheint dafür entscheidend zu sein: Hingabe an eine Sache, und sei sie noch so unscheinbar, an eine Situation, an einen anderen Menschen, an das bloße

Denken oder Fühlen. Einer Leidenschaft können Sie sich in solchem Maße überlassen, dass Sie »sich vergessen«. Und auch die konzentrierte Arbeit ist eine Möglichkeit, völlig darin »aufzugehen«: ein Element der Lebenskunst, eine bewusst gewählte Methode, um gerade nicht über sich nachzusinnen oder endlos ein Problem zu zergrübeln. Die Selbstvergessenheit ermöglicht Ihnen eine Erholung von sich. Denn kein Bewusstsein muss anstrengend aufrechterhalten, kein Selbst mühsam zusammengehalten werden. Wer selbstvergessen ist, ist fern von seinem gewöhnlichen Selbst und erfährt ein Selbst im weiteren Sinne, weit über das gewöhnliche, etwas begrenzte Selbst hinaus. Eine extreme Freude und Lust kann damit verbunden sein, auch mitten im Schmerz. Für die Fülle dieses Glücks sind Sie gerade dann bereit, wenn Sie leer sind von allem »Ego« im engeren Sinne. Ist das Mystik? Keine Ahnung. Unbestreitbar handelt es sich jedoch um eine mögliche Erfahrung, was auch immer die Gründe dafür sein mögen.

Unterhalb des Selbst, das in seiner engen Wirklichkeit lebt und seine Verletzlichkeit und Endlichkeit spürt, kommt ein anderes zum Vorschein, das keine Zeit kennt und sich unendlich und unsterblich fühlt. Das eine Selbst trägt einen Namen, das andere aber ist namenlos. Natürlich droht irgendwann ein unsanftes Erwachen: Das Telefon klingelt, Sie müssen zurück in die »Wirklichkeit«. Aber das andere Selbst bleibt unterschwellig präsent: Es ist die Heimat, in die Sie immer zurückkehren können. Keine Heimat in der Wirklichkeit, sondern in einer anderen Dimension, die mit der momentanen Wirklichkeit wenig zu tun hat. Lehnen Sie sich einfach ein wenig zurück.

Pfeifend durch die Stadt flanieren, Feldwege entlangspazieren, vom »Pfeifen im Walde« ganz zu schweigen: Ein exorbitantes Vergnügen. Was für ein Glück, dass die meisten Kinder sich nach wie vor selbst um eine Grundausbildung im Pfeifen bemühen; keine Schule muss sich darum kümmern. Sie üben, bis sie es können, ohne Rücksicht auf den drohenden Nervenzusammenbruch ihrer Eltern.

Einer inneren Verfassung Ausdruck zu geben, darum geht es beim Pfeifen. Eine Freude will auf diesem beschleunigten Luftstrom, der durch einen engen Schlitz gepresst wird, tanzen. Andererseits jagen gellende Pfeifkonzerte geradezu Pfeile von Wut und Zorn ins Gehör eines vermeintlichen Übeltäters. Für den Ausgleich des Seelenhaushalts scheint das Pfeifen unverzichtbar zu sein. Einer Verfeinerung der Kunst dienen Festivals des Pfeifens, bei denen jeder jedem etwas vorpfeifen kann. Für die theoretische Unterfütterung könnte eine »Philosophie des Pfeifens« sorgen. Mancher Philosoph wäre pfiffig genug dazu gewesen, Ludwig Wittgenstein beispielsweise, wenn er nur gewollt hätte. Aber er konzentrierte sich gänzlich auf die Praxis des Pfeifens, pfiff zeitgenössischen Zeugnissen zufolge ganz vorzüglich und pfiff eben auch auf eine Theorie des Pfeifens.

Am fulminanten Reichtum des Pfeifens ging die Kulturgeschichte bisher, von wenigen Ausnahmen abgesehen (1994 erschien ein »Handbuch zur Phänomenologie des Pfeifens»), achtlos vorbei. Dabei handelt es sich um den Bereich einer bemerkenswerten Begegnung von Kultur und Natur. Vor allem Vögel haben sich hier als Lehrmeister der Menschen erwiesen, und dies nicht nur in Fragen der Technik: Menschen verfügen über ein Wissen spätestens dann, wenn die Spatzen es schon »von den Dächern pfeifen«. Ausgiebig könnte man sich mit den »Pfeifsprachen« der Tierpopulationen, aber auch der Menschenvölker rund um die Erde beschäftigen, und man käme auf dieser Reise über energisch pfeifende Schiedsrichter und schrill pfeifende Lokomotiven weit hinaus.

Dass Diktatoren pfeifende Menschen als Bedrohung empfinden, nobilitiert die scheinbar harmlose Tätigkeit. In der freien Gesellschaft hingegen darf gepfiffen werden, was das Zeug hält, auf alles und jeden. Auch wir sollten es daran nicht fehlen lassen. Worauf pfeifen Sie heute? Hauptsache, Sie pfeifen nicht auf dem letzten Loch.

95 | Kunst des Schenkens

Haben Sie schon alle Geschenke beisammen? Nein? Bitte gehen Sie jetzt nicht gleich los, um noch die letzten zu kaufen. Es könnten *Notgeschenke* daraus werden. Und dabei liegt der Sinn des Schenkens doch darin, dass es nicht aus Zeitnot, sondern aus Überlegung hervorgeht, und die braucht ihre Zeit. Es soll ja eine »kleine Aufmerksamkeit« sein für den Menschen, der beschenkt werden soll, ein sorgfältig für ihn ausgewähltes Geschenk. Keinesfalls ein *Nötigungsgeschenk*, das ihn dazu zwingt, mit strahlendem Lächeln, um nicht undankbar zu erscheinen, etwas entgegenzunehmen, was er nicht wirklich mag. Dann schon besser einen »Geschenkgutschein«, der ihm die Freiheit lässt zu wählen, was, wann und wie er etwas annehmen möchte.

»Die Menschen verlernen das Schenken«, beobachtete der Philosoph Theodor W. Adorno 1951 in seinem Buch *Minima Moralia*. Der Verfall des Schenkens zeige sich in der »peinlichen Erfindung der Geschenkartikel«. Denn damit wird das Geschenk vorfabriziert und endgültig aufs Materielle reduziert. Dabei ist doch das Ideelle am wertvollsten: Vor allem Aufmerksamkeit zu schenken. Eine gewisse Tragik des Schenkens scheint sich in moderner Zeit entwickelt zu haben: Solange die materiellen Mittel knapp sind und nur für wenige Geschenke ausreichen, ist jedes einzelne sehr wertvoll. Wenn aber aus dem Überfluss geschöpft werden kann, wird aufgrund einer Inflation von Geschenken das einzelne entwertet, und die ideelle Seite des Schenkens gewinnt wieder an Bedeutung.

Materiell oder ideell: Vergessen Sie über all den Geschenken für andere nun nicht auch noch das Nächstliegende, nämlich sich selbst. Geschenke erhalten die Freundschaft, das gilt auch für die Freundschaft mit sich selbst: Ein Kinoabend, ein gutes Essen, eine geliebte Musik, eine Stunde der Muße nur für sich allein ... Auch bei den Selbstgeschenken sind die bescheidensten die besten, und das heißt vor allem: sich selbst Aufmerksamkeit zuteil werden zu lassen, auch gelegentlich ein wenig nachsichtig gegen sich zu sein. Ja, sich sogar mal zu loben für ein Tun oder Lassen, das der eigenen kritischen Reflexion standhält, und umso mehr sich zu loben, als andere dies vernachlässigen. Sich Gutes zu tun zum Ausgleich für eine Anstrengung, aus reiner Sympathie für sich selbst. Aber nicht zu viel und nicht zu häufig, damit auch dieses Geschenk seinen Wert behält.

O Tannenbaum, o Tannenbaum! Wie soll ich mich entscheiden? Soll ich die Klischees alle mitmachen, duftender Baum, glänzende Kugeln, silbernes Lametta, künstliche Lichter? Oder soll ich mich still in eine »weihnachtsfreie« Ecke verkriechen? Für moderne Menschen gibt es keine Verpflichtung mehr, den Vorgaben für Weihnachten zu folgen; es gibt nur ein Drängen derer, die mit dem Fest ihr Geld zu verdienen hoffen. Aber niemand muss dem nachgeben, Weihnachten ist kein Muss, sondern eine Möglichkeit. Ich muss wählen.

Wählen? Wer Kinder hat, hat keine Wahl, die wollen das volle Programm. Und sie haben gute Gründe dafür: Nein, nicht die Geschenke, nicht in erster Linie. Vielmehr ihr unbewusstes Wissen von der Bedeutung einer wiederkehrenden Zeit, die so ganz anders ist als die vergehende Zeit in der Welt der Erwachsenen. Was ist Zeit eigentlich? Das weiß kein Mensch, nur die Erwachsenen glauben, dass sie unentwegt vergeht, und unterwerfen sich bedingungslos dem ständigen Stress dieser Zeit. Dabei machen sie doch selbst die Erfahrung, um wie viel menschenfreundlicher eine wiederkehrende Zeit sein kann.

Wozu Weihnachten? Das Wichtigste daran ist seine regelmäßige Wiederkehr. In einer Welt, in der sonst alles vergänglich und ungewiss erscheint, ist diese Gewissheit tröstlich. Das gilt unabhängig davon, was Weihnachten sonst noch bedeuten kann: Für die einen das heilige Fest der Geburt Jesu, für die anderen das weltliche Familienfest mit vielen Geschenken und rituellem Verspeisen einer knusprigen Gans, für viele beides zugleich, und für manche schlicht ein Graus. Für alle aber ist es die vertraute Zeit, die zuverlässig wiederkehrt.

Aus freien Stücken kann ich das Fest nun wieder gelten lassen und liebevoll pflegen, mit größerer Hingabe als bei einer bloßen Pflichterfüllung, deren Sinn nicht mehr eingesehen wird. Jetzt erst handelt es sich um eine bewusste Sinnstiftung, die darin besteht, wenigstens für ein paar Tage all das Schöne ins Auge zu fassen, das sonst vernachlässigt wird, endlich auch sich selbst zu öffnen für ein »Darüberhinaus«, über das Gewöhnliche, Begrenzte und Endliche des eigenen Lebens hinaus, wenigstens im Denken, wenigstens für einen Moment. Dann beginnt der Stress des Alltags wieder – aber ist nicht eigentlich auch dies ein Element der wiederkehrenden Zeit? O Tannenbaum, o Tannenbaum …

97 | Sehnsucht nach Berührung

Wann sind Sie das letzte Mal berührt worden? Von wem? Hat es gut getan? Haben Sie Sehnsucht danach? Sehen Sie, vielen Menschen geht es genauso. Viele wollen berührt werden, aber nur wenige wollen selbst etwas dafür tun. Jetzt freilich, im frühen Dunkel, in dem der Kerzenschein heimelige Gefühle weckt, fällt es schwer, die Berührung zu entbehren. Da trifft es sich gut, dass das »Fest der Liebe« vor allem ihr gewidmet ist, und dies auf allen dafür möglichen Ebenen: körperlich, seelisch, geistig, metaphysisch. So lässt sich in diesen Tagen eine ganze Kunst der Berührung entfalten: einerseits sie kunstvoll herbeizuführen, andererseits sie ebenso kunstvoll mit sich geschehen zu lassen. Berührt sein können wir vom Anblick eines Gesichts, vom Hören eines Gesangs, vom Tasten einer Hand, vom angenehmen oder unangenehmen Geruch, der in der Luft liegt, vom Geschmack einer Speise. Berührt vor allem durch das, was zu spüren ist, mit einem Gespür, das nicht so einfach zuzuordnen ist wie die fünf Sinne und dessen Existenz doch unbestreitbar ist.

Zauberhaft ist zweifellos, wenn Berühren und Berührt-werden ununterscheidbar miteinander verschmelzen. Das scheint beim Kuscheln der Fall zu sein: Haut an Haut zu schmiegen, ein Verschmelzen des Selbst mit dem geliebten Anderen. Über das Körperliche hinaus wird damit zugleich das Seelische erschlossen. Die herausragende Erfahrung der seelischen Berührung und des Berührtwerdens ist die Beziehung der Liebe, auch die der Freundschaft, ein beständiges und wechselseitiges Berühren und Berührt-werden von Seelen.

Und äußerst spannend ist es, was im Geistigen an Berührung sich abspielt: das Berührtsein von einer Idee, einem Gedanken, einem Traumbild, einer Ahnung, einer phantastischen Vorstellung. Jede Lektüre ist geistige Berührung, und nicht nur Wirkliches kann uns dabei berühren, sondern auch Unwirkliches, beispielsweise eine erfundene Geschichte. Die eine oder andere Geschichte erzählt sogar von der möglichen Berührung über Grenzen hinweg, auch über die Grenzen der Endlichkeit hinaus. Was geschieht, wenn »der Himmel die Erde berührt«? Das ist die Berührung, die an Weihnachten zu erfahren ist, unabhängig davon, ob wir religiös sind oder nicht. Nur ein Sinn für metaphysische Berührung ist dafür erforderlich. Und die Bereitschaft, sich berühren zu lassen, auf allen Ebenen.

Endlich wieder mal Schlitten fahren, juchhe! Da freut sich das Kind im Manne. Schon als Kind war ich fest davon überzeugt, dass der liebe Gott aus diesem Grund den Schnee erschaffen hat: Damit die Kinder Schlitten fahren können. Heute denke ich, dass er auch die Erwachsenen damit gemeint hat; also los! Herrlich, den Abhang hinunterzusausen, dass es nur so staubt! Und dann den Schlitten wieder hochzuziehen: Das ist der Moment, in dem die Gedanken zu schweifen beginnen. Sie bleiben hängen bei Sisyphos. Das war der, der immer den Stein bergan rollte, nur um ihn anschließend wieder bergab rollen zu sehen.

Die Wahrheit, die immer verschwiegen wurde, ist aber diese: Sisyphos fährt gerne Schlitten. Wahlweise Ski, aber das ist nicht so archaisch, und Skifahrer schleppen ungern ihr Gerät selbst den Berg wieder hoch; wozu gibt es Skilifte! Sisyphos ist noch ganz der alten Zeit verpflichtet. Der Stein, den er den Berg hoch rollt, ist in Wahrheit ein Schlitten, den er selbst zieht. Bis nach oben, um sich drauf zu setzen und wieder runterzufahren. Und so immer wieder von vorne. Und wie allen Schlittenfahrern liegt ihm der Gedanke fern, nach Gründen für dieses absonderliche Verhalten zu suchen.

In jedem Schlittenfahrer steckt ein Sisyphos: Kein Kind scheut die Mühe, seinen Schlitten immer aufs Neue bergan zu ziehen, um abzufahren. Kein Gameboy, kein Computerspiel kann dagegen ankommen. Und auch für Erwachsene ändert sich daran offenkundig nichts, so dass alle Abfahrtskombinationen möglich sind: Vater und Sohn,

Mutter und Tochter, allein oder mit anderen, im Sitzen oder Liegen, mit dem Gesicht voraus oder rückwärts.

Das ganze Tun läuft darauf hinaus, von Grund auf einverstanden zu sein mit der Komik, in anderer Sichtweise der Tragik, dass der Stein hinaufgerollt wird, nur um ihn wieder hinunterrollen zu sehen. Was ist der Sinn des Lebens? Sisyphos hat ihn am besten zum Ausdruck gebracht, indem er unverdrossen den Stein bergan rollte, der wieder bergab rollt. Wie, ein solch vergebliches Tun soll der Sinn des Lebens sein? Ja, sehr wohl; man muss sich Sisyphos sogar, wie Albert Camus einmal sagte, als einen glücklichen Menschen vorstellen. Unter einer Voraussetzung freilich, die er zu erwähnen vergaß: Dass der Stein ein Schlitten ist. Sonst entfällt die Lust der Abfahrt.

99 | Zwischen den Jahren

Im Hintergrund vereinzelte Böllerschüsse, Leuchtspuren am Nachthimmel. Ich bin hinausgefahren aus der Stadt: Von außen lässt sich besser auf das eigene Leben blicken. Irgendwo setze ich mich zu einem Kaffee und lasse das Jahr noch einmal Revue passieren, Tag für Tag, mit dem Terminkalender als Gedächtnisstütze. An alles will ich mich noch einmal erinnern, bevor es im Nebel des Vergangenen entschwindet.

Die merkwürdigste Zeit des Jahres sind diese Tage des Nicht-mehr und Noch-nicht, dieser wundervoll schwebende Zustand »zwischen den Jahren«. Die Erinnerungen werden wach: Ich sehe das Gesicht von Menschen, mit denen ich gesprochen habe, wieder vor mir. Wieder sitze ich im Zug und mache eine Reise noch einmal. Genüsslich lehne ich mich zurück und lasse ein wundervolles Essen erneut auf der Zunge zergehen. Und als mir eine gefährliche Situation noch einmal in den Sinn kommt, fährt mir der Schreck erneut in die Glieder. Manche Begegnung kann ich jetzt, im Rückblick, besser einschätzen, aus mancher Erfahrung lerne ich erst jetzt.

So eigne ich mir das gesamte Jahr an, keine Erfahrung soll vergebens, keine gleichgültig gewesen sein. Fortan werden all die glücklichen, unglücklichen, genossenen, durchlittenen, durchstandenen Tage zusammenfallen zu einem einzigen, denn mehr bleibt nicht übrig von einem Jahr. Währenddessen bricht die Nacht herein, einzelne Laternen spenden hier und da ein wenig Licht. Auf Feldwegen laufe ich zum Ort hinaus und durch die Wiesen und Äcker, um das neue Jahr schon mal räumlich zu erkunden. Am See gehe ich entlang, blicke über die weite Wasserfläche, deren Ränder im Dunkeln liegen.

An einem kleinen Landvorsprung halte ich meine Nase in den kalten Wind: Eine Vorbereitung auf das, was kommt. Immer ist mir bang vor dem neuen Jahr, denn gewiss daran ist nur dies: dass es Überraschungen birgt, an die keiner denkt. Aber was immer auch kommt, ich will gestärkt sein dafür. Und während ich in einer Gaststätte aufs Essen warte, gehe ich das kommende Jahr in Gedanken schon durch, notiere mir, woran ich denken soll, welche Geburtstage ich nicht vergessen möchte, welche Termine ich nicht versäumen darf, welche Arbeit zu tun ist, welche Anstrengung nötig ist. Nun gewinnt Konturen, was zuvor noch im Dunkeln lag. Ich fühle mich gerüstet. Noch einmal tief durchatmen. Dann kann's losgehen!

100 | Viel Glück!

Im neuen Jahr wünsche ich Ihnen viel Glück. Zugegeben, das ist nicht besonders originell, das ist Standard. Wünschenswert wäre, genauer zu erfahren, was für ein Glück das denn eigentlich sein soll. Sie haben Recht: Glück ist an und für sich nichtssagend, denn damit können sehr verschiedene Dinge gemeint sein.

Also, zuallererst wünsche ich Ihnen das Glück des Zufalls. Rein zufällig fällt es so oder anders aus, und kein Mensch weiß warum. Allerdings muss man zugeben, dass es zuweilen so aussieht, als würde dem ein Plan zugrunde liegen. Jedenfalls kennen die Zufälle erstaunliche Regelmäßigkeiten, auf glücklicher wie auf unglücklicher Seite. Ob wir das beeinflussen können? Allenfalls lässt sich die Haltung präparieren, in der ein Zufall sich verfangen kann. Erforderlich ist die Haltung der Duldsamkeit, des Wartenkönnens, auch des Hinnehmenkönnens, verbunden mit der Wachsamkeit, den rechten Augenblick zu erkennen und zu ergreifen.

Dann wünsche ich Ihnen noch das Glück des Wohlfühlens. Es ist das einzige, das keine Mühe zu machen scheint, und es kennt Augenblicke, um derentwillen allein sich schon das Leben lohnt; nahezu jeden Tag lassen sie sich finden. Am besten können Sie dieses Glück genießen, wenn eine große Anstrengung vorausgegangen ist. Keineswegs ist das Wohlfühlglück verwerflich, aber es käme darauf an, nicht das gesamte Leben damit zu verwechseln. Ratsam wäre, sich darüber im Klaren zu sein, dass es noch andere Zeiten geben wird, um nicht bitter enttäuscht zu sein, wenn nicht alles jederzeit angenehm und lustvoll ist.

Daher wünsche ich Ihnen zur Sicherheit auch noch das Glück der Fülle. Es besteht allerdings nicht darin, dass alles in Erfüllung geht, was Sie sich wünschen. Vielmehr umfasst es die gesamte Fülle des Lebens, nicht unbedingt im jeweiligen Augenblick, sondern durch das ganze Leben hindurch: Nicht nur ein Glücklichsein des Wohlfühlens, sondern eines, das äußerstenfalls sogar das Unglücklichsein noch mit umfassen kann, denn auch das ist noch Leben. Dieses Glück der Fülle ist eine Frage der bewusst eingenommenen Haltung, das eigentlich philosophische Glück. Das einzige, das wirklich dauerhaft sein kann, denn ihm kann nichts mehr zuwiderlaufen.

Am besten wünsche ich Ihnen alle diese drei Arten von Glück, dann kann nichts schief gehen. Ist es jetzt gut so?

Wilhelm Schmid, geboren 1953 in Billenhausen (Bayerisch-Schwaben), lebt als freier Philosoph in Berlin und lehrt Philosophie als außerplanmäßiger Professor an der Universität Erfurt. Umfangreiche Vortragstätigkeit, seit 2010 auch in China. 2012 wurde ihm der deutsche Meckatzer-Philosophie-Preis für besondere Verdienste bei der Vermittlung von Philosophie verliehen, 2013 der schweizerische Egnér-Preis für sein bisheriges Werk zur Lebenskunst. Er studierte Philosophie und Geschichte in Berlin, Paris und Tübingen. Viele Jahre war er tätig als Gastdozent in Riga/Lettland und Tiflis/Georgien sowie als »philosophischer Seelsorger« an einem Krankenhaus in der Nähe von Zürich/Schweiz.
www.lebenskunstphilosophie.de
Twitter @lebenskunstphil.

Buchpublikationen
Das Leben verstehen. Von den Erfahrungen eines philosophischen Seelsorgers, 2016, Suhrkamp Verlag.
Von den Freuden der Eltern und Großeltern, 2016, Insel-Bücherei.
Vom Nutzen der Feindschaft, 2015, Insel-Bücherei.
Sexout. Und die Kunst, neu anzufangen, 2015, Insel Verlag.
Vom Glück der Freundschaft, 2014, Insel-Bücherei.
Gelassenheit. Was wir gewinnen, wenn wir älter werden, 2014, Insel Verlag.
Dem Leben Sinn geben. Von der Lebenskunst im Umgang mit Anderen und der Welt, 2013, Suhrkamp Verlag.
Unglücklich sein. Eine Ermutigung, 2012, Insel Verlag.

Liebe. Warum sie so schwierig ist und wie sie dennoch gelingt, 2011, Insel Verlag.

Die Liebe atmen lassen. Von der Lebenskunst im Umgang mit Anderen, 2013, suhrkamp taschenbuch. Ursprünglich unter dem Titel: *Die Liebe neu erfinden*, 2010, Suhrkamp Verlag.

Ökologische Lebenskunst. Was jeder Einzelne für das Leben auf dem Planeten tun kann, 2008, suhrkamp taschenbuch.

Glück. Alles, was Sie darüber wissen müssen, und warum es nicht das Wichtigste im Leben ist, 2007, Insel Verlag.

Die Fülle des Lebens. 100 Fragmente des Glücks, 2006, insel taschenbuch.

Die Kunst der Balance. 100 Facetten der Lebenskunst, 2005, insel taschenbuch.

Mit sich selbst befreundet sein. Von der Lebenskunst im Umgang mit sich selbst, 2004, suhrkamp taschenbuch.

Schönes Leben? Einführung in die Lebenskunst, 2000, suhrkamp taschenbuch.

Philosophie der Lebenskunst – Eine Grundlegung, 1998, suhrkamp taschenbuch wissenschaft.

Auf der Suche nach einer neuen Lebenskunst, 1991, suhrkamp taschenbuch wissenschaft.

Die Geburt der Philosophie im Garten der Lüste, 1987, suhrkamp taschenbuch.